내 손으로 만드는 하나뿐인 꽃다발

블루밍니트의
코바늘 플라워&키링

Collect 35

Crochet
Flower&Key ring

블루밍니트의 코바늘 플라워 & 키링

블루밍니트 지음

동양북스

LOVE!

저는 꽃을 선물하는 것도, 받는 것도 참 좋아합니다.

하지만 정말 예뻤던 꽃이 시간이 지나면서 시들어가는 모습을 볼 때마다

오래도록 간직할 수 있는 꽃이 있으면 좋겠다고 생각했어요.

그렇게 저는 뜨개 꽃을 만들기 시작했습니다.

세상에 단 하나뿐인 특별한 뜨개 꽃!

처음 뜨개질을 시작하는 순간부터 직접 포장하는 과정까지, 정성이 가득 담기게 됩니다.

차근차근 떠서 선물했더니 받는 사람이 정말 행복해했다는 후기를 들을 때마다

제 마음도 괜히 몽글몽글해지는 거 있죠.

뜨개 꽃의 매력을 먼저 알아봐 주시고,

이 책이 세상에 나올 수 있도록 도와주신 보영 에디터님,

블루밍니트의 색깔을 정확히 캐치하고, 키치하고

사랑스러운 디자인을 완성해 주신 윤경 디자이너님,

그리고 동양북스 식구분들께 깊이 감사드립니다.

또한, 언제나 옆에서 응원해 주는 사랑하고 사랑하는 우리 가족!

그리고 나의 든든한 지지대가 되어준 A에게도 사랑과 감사를 전합니다.

이 책을 통해 사랑스러운 꽃들을 가득 만들어보세요.

미니 키링까지 함께 세트로 완성해, 더 특별한 작품으로 남기시길 바랍니다!

CONTENTS

키링

PART 2

코바늘뜨기를 위한 준비

도안 수정 사항 안내

• 도안에서 수정 사항이 있을 경우 [동양북스 홈페이지-도서 자료실]에 오류 업데이트가 있을 예정입니다.

• 꽃을 뜨다가 도안과 맞지 않아 의문점이 생길 경우 오류 업데이트가 되어 있지 않은지 체크바랍니다.

• 그외 궁금한 사항은 동양북스 이메일 dymg98@naver로 연락주시길 바랍니다. 전화 문의는 받지 않습니다.

튤립

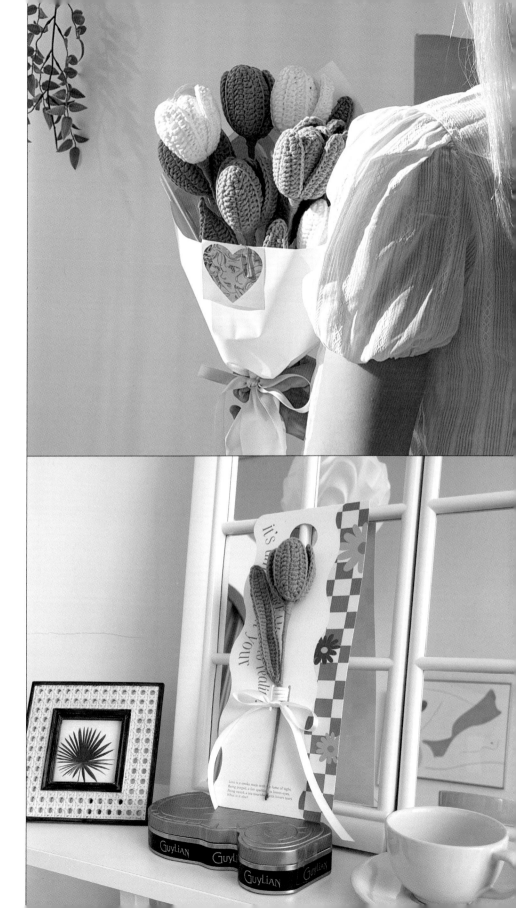

장미

미니 장미

HOW TO 078p

물망초

샤스타데이지

HOW TO 094p

016

마트리카리아

HOW TO *102p*

라벤더

HOW TO *110p*

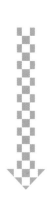

은방울꽃

HOW TO *116p*

스위트피

HOW TO 124p

카네이션

HOW TO *134p*

해바라기

백합

퐁퐁국화

카라꽃

HOW TO 166p

수선화

HOW TO 174p

거베라

Give Love

TO

LOVE ♡ ♡ ♡ ♡ ♡ ♡ ♡

Shade ☐
Sunlight ☐
Cool place ☐
Warm place ☐

You make me wanna be a better ( )

HOW TO 192p

프리지아

동백꽃

천일홍

루스커스

HOW TO *216p*

HOW TO 220p

튤립 미니 키링

장미 미니 키링

HOW TO 228p

벚꽃 미니 키링

해바라기 미니 키링

HOW TO 246p

물망초 미니 키링

은방울꽃 미니 키링

HOW TO *258p*

HOW TO *266p*

카네이션 미니 키링

라벤더 미니 키링

HOW TO *272p*

데이지&딸기 미니 키링

HOW TO 278p

크리스마스트리 미니 키링

HOW TO 284p

PART 1

작품 만드는 법

튤립

블루밍니트에서 가장 많은 사랑을 받은 작품이자 사랑스러운 분위기를
자아내는 튤립입니다. 한두 가지 색상으로도 충분히 매력을 발산하며,
간단한 기법으로 완성할 수 있어 만들기 정말 쉬워요!
어느새 튤립 공장을 돌리고 있는 자신을 발견하게 될지도 몰라요.

난이도
★★☆☆☆
화보 **008p**

준비물
- 원하는 색상의 뜨개실(튤립 꽃 색상, 잎사귀&줄기 색상-총 2가지 컬러,
  두께 약 2mm의 마카롱실 추천)
- 코바늘 4호(2.5mm)
- 철사(줄기-18호 1개, 잎사귀-27호 1개, 꽃잎-27호 3개)
- 가위
- 펜치
- 니퍼
- 본드
- 단수링 1개

뜨개 기법
빼뜨기, 사슬뜨기, 짧은뜨기, 짧은뜨기 늘려뜨기, 긴뜨기, 긴뜨기 늘려뜨기, 한길긴뜨기

만드는 순서
1. 튤립의 작은 꽃잎 3개를 뜬다.
2. 튤립의 큰 꽃잎 3개를 뜬다.
3. 튤립의 잎사귀 1개를 뜬다.
4. 줄기가 될 18호 초록색 철사의 끝을 펜치로 살짝 구부린다.
5. 철사에 작은 꽃잎부터 순서대로 잎사귀 실로 감싼다.
6. 잎사귀를 철사에 고정한다.
7. 원하는 만큼 철사를 실로 감싼 뒤 끝부분을 본드로 고정한다.
8. 남은 철사는 니퍼로 잘라 마무리한다.
TIP 코를 느슨하게 뜨면 구멍이 숭숭 뚫려 형태가 덜 예뻐 보일 수 있으니 촘촘하게 떠요.

◆ 튤립 작은 꽃잎(3개 만들기)

1-1단: 시작코 – 사슬 11코 – 짧은뜨기 1코(단수링) – 긴뜨기 1코 – 한길긴뜨기 6코 – 긴뜨기 1코 – 짧은뜨기 1코 – 짧은뜨기 3코 늘려뜨기

1-2단: 짧은뜨기 1코 – 긴뜨기 1코 – 한길긴뜨기 6코 – 긴뜨기 1코 – 짧은뜨기 1코 – 빼뜨기

(27호 철사 ½ 준비)

2-1단: 빼뜨기 한 코에 긴뜨기 1코(단수링) – 긴뜨기 7코 – 긴뜨기 2코 늘려뜨기

2-2단: 긴뜨기 12코 – 긴뜨기 2코 늘려뜨기 – 긴뜨기 1코 – 빼뜨기

◆ 튤립 큰 꽃잎(3개 만들기)

1-1단: 시작코 – 사슬 13코 – 짧은뜨기 1코(단수링) – 긴뜨기 1코 – 한길긴뜨기 8코 – 긴뜨기 1코 – 짧은뜨기 1코 – 짧은뜨기 3코 늘려뜨기

1-2단: 짧은뜨기 1코 – 긴뜨기 1코 – 한길긴뜨기 8코 – 긴뜨기 1코 – 짧은뜨기 1코 – 빼뜨기

(27호 철사 ½ 준비)

2-1단: 빼뜨기 한 코에 긴뜨기 1코(단수링) – 긴뜨기 9코 – 긴뜨기 2코 늘려뜨기

2-2단: 긴뜨기 14코 – 긴뜨기 2코 늘려뜨기 – 긴뜨기 1코 – 빼뜨기

◆ 튤립 잎사귀(1개 만들기)

1-1단: 시작코 – 사슬 31코 – (27호 철사 준비) – 짧은뜨기 3코(첫 코 단수링) – 긴뜨기 3코 – 한길긴뜨기 18코 – 긴뜨기 3코 – 짧은뜨기 2코 – 짧은뜨기 3코 늘려뜨기 – 사슬 1코

1-2단: 짧은뜨기 2코 – 긴뜨기 3코 – 한길긴뜨기 18코 – 긴뜨기 3코 – 짧은뜨기 3코 – 빼뜨기

1 작은 꽃잎을 먼저 시작한다. 시작코(사슬 1코)를 만들고 사슬 11코를 뜬다.

2 바로 옆 사슬에 짧은뜨기 1코를 뜨고, 단수링을 건다.

3 이어서 [긴뜨기 1코 - 한길긴뜨기 6코 - 긴뜨기 1코 - 짧은뜨기 1코]를 뜬다.

4 시작코에 짧은뜨기 3코 늘려뜨기를 한다.
TIP 시작코는 일반적으로 사용하지 않지만, 꽃잎 중간에 구멍이 크게 보이지 않도록 예외적으로 시작코도 포함하여 뜬다.

5 옆 코로 넘어가서 짧은뜨기 1코를 뜬다.
TIP 꼬리실은 코바늘 위에 얹어 함께 뜬다.

6 이어서 [긴뜨기 1코 - 한길긴뜨기 6코 - 긴뜨기 1코 - 짧은뜨기 1코]를 뜬다.

7 단수링을 걸어둔 코에 빼뜨기를 한다.

8 빼뜨기 한 코에 긴뜨기 1코를 완성 직전까지 뜬다.

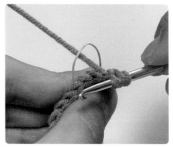

9 27호 철사를 반으로 자른다. 반으로 접어 철사를 편물과 실 사이에 얹는다.

10 철사를 안고 긴뜨기 1코를 완성
한 뒤 단수링을 건다.
[TIP] 마무리까지 쭉 철사를 안고
뜬다.

11 이어서 긴뜨기 7코를 뜬다.

12 옆 코로 넘어가서 긴뜨기 2코
늘려뜨기 한다.

13 이어서 긴뜨기 12코를 뜬다.

14 옆 코로 넘어가서 긴뜨기 2코
늘려뜨기를 한다.

15 긴뜨기 1코를 뜬다.

16 단수링을 걸어둔 코에 빼뜨기
를 하고 실을 당겨 코에서 뺀다.
약 5cm 정도 실을 남기고 자른
다.

17 튤립 앞뒤를 잘 구분한다.
[TIP] 꼬리실이 들어가 볼록 튀어
나온 쪽이 튤립 뒷면으로 가게끔
한다.

18 철사를 두어 번 꼬아 그 사이로
꼬리실을 넣고, 다시 꼬아 두어
번 고정한다.

19 튤립의 작은 꽃잎 3개를 만든 뒤 글 도안을 참고해 큰 꽃잎 3개를 완성한다.

TIP 작은 꽃잎과 큰 꽃잎은 코수의 차이로 뜨는 방법은 동일하며 약 1cm 정도 차이난다.

튤립 잎사귀(1개 만들기)

1 시작코(사슬 1코)를 만들고 사슬 31코를 뜬다.

2 바로 옆 사슬에 짧은뜨기 1코를 완성 직전까지 뜬다.

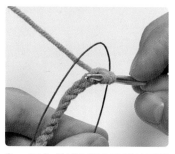

3 27호 철사를 반으로 접어 편물과 실 사이에 얹는다.

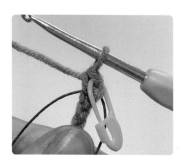

4 짧은뜨기 1코를 완성한 뒤 단수링을 건다.

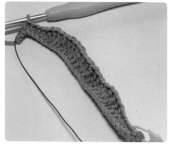

5 이어서 [짧은뜨기 2코 - 긴뜨기 3코 - 한길긴뜨기 18코 - 긴뜨기 3코 - 짧은뜨기 2코]를 뜬다.

TIP 마무리까지 쭉 철사를 안고 뜬다.

6 마지막 코에 짧은뜨기 3코 늘려뜨기를 한다.

7 사슬 1코를 뜬다.

8 꼬리실을 당기면 큰 구멍이 나
온다. 해당 구멍의 바로 왼쪽
사슬부터 시작한다.

9 짧은뜨기 1코를 뜬다.
[TIP] 꼬리실은 코바늘 위에 얹어
함께 뜬다.

10 이어서 [짧은뜨기 1코-긴뜨기
3코-한길긴뜨기 18코-긴뜨기
3코-짧은뜨기 3코]를 뜬다.

11 단수링을 걸어둔 코에 빼뜨기
를 하고 실을 당겨 코에서 뺀
다. 실을 약 5cm 정도 남기고
자른다.

12 철사를 8~10번 꼬아 남은 꼬
리실로 감싼다. 꼬리실을 철사
사이로 넣고 다시 두어 번 꼬아
고정한다.

13 잎사귀는 튤립 1개당 1개를 만
든다.

1 18호 초록색 철사 끝부분에 펜치를 활용하여 고리를 만든다.

2 튤립 작은 꽃잎 1개를 먼저 잎사귀 실로 고정한다.

3 나머지 작은 꽃잎도 함께 감싼다.
[TIP] 힘을 실어 철사를 감싸야 안정적으로 고정된다.

4 작은 꽃잎과 겹치지 않도록 교차해 큰 꽃잎을 고정한다.

5 꽃잎과 이어진 철사, 꼬리실 등은 보이지 않도록 잘 감싼다.

6 원하는 위치에 잎사귀를 고정하고 여러 번 실을 감는다.

7 잎사귀 철사와 접촉하는 부분을 위아래로 꼼꼼하게 감싼다.

8 원하는 줄기 길이만큼 철사에 실을 감싼 뒤 남은 실 끝은 잘라 본드로 고정한다. 니퍼로 남은 철사를 자른다.

장미

가장 흔하게 선물하는 장미를 뜨개로도 사랑스럽게 완성할 수 있답니다.
블루밍니트가 추천하는 조합은 노란 장미와 청량한 파란색 포장지!
정성 가득한 뜨개 장미 꽃다발로 소중한 사람에게 마음을 전하는 건 어떨까요?

난이도
★★★☆☆
화보 **010p**

준비물
- 원하는 색상의 뜨개실(장미 꽃 색상, 꽃받침&잎사귀&줄기 색상-총 2가지 컬러, 두께 약 2mm의 마카롱실 or 두께 약 2.5mm의 밀키 코튼실 추천)
- 코바늘 5호(3.0mm)
- 돗바늘
- 가위
- 니퍼
- 글루건
- 철사(줄기-18호 1개, 잎사귀-27호 1개)
- 펜치
- 본드
- 단수링 1개

뜨개 기법
빼뜨기, 이랑빼뜨기, 사슬뜨기, 짧은뜨기, 짧은뜨기 늘려뜨기, 긴뜨기, 한길긴뜨기, 한길긴뜨기 늘려뜨기, 두길긴뜨기, 두길긴뜨기 늘려뜨기

만드는 순서
1. 장미 꽃 1개를 뜬다.
2. 장미 꽃받침 1개를 뜬다.
3. 장미 잎사귀 2개를 뜬다.
4. 장미 꽃을 빙글빙글 말아 모양을 잡는다.
5. 줄기가 될 18호 초록색 철사의 끝을 펜치로 구부린다.
6. 구부린 철사를 장미 가운데 부분에 넣는다.
7. 꽃 모양을 잡고, 글루건으로 고정한다.
8. 꽃받침을 꽃 바로 밑에 배치해 글루건으로 고정한다.
9. 잎사귀 실로 철사를 감싼다.
10. 잎사귀를 철사에 고정한다.
11. 원하는 만큼 철사를 실로 감싼 뒤 끝부분을 본드로 고정한다.
12. 남은 철사는 니퍼로 잘라 마무리한다.

◆ 장미 꽃(1개 만들기)

1단: 시작코 - 사슬 27코(마지막 코 단수링) - 기둥사슬 4코 - 27번째 사슬 코에 두길긴뜨기 5코 늘려뜨기 - (한 코 건너뛰기 - 두길긴뜨기 6코 늘려뜨기)*13

2단: 편물 뒤집어 (기둥사슬 4코 - 두길긴뜨기 5코 - 사슬 4코 - 빼뜨기)*11 - (기둥사슬 3코 - 한길긴뜨기 5코 - 사슬 3코 - 빼뜨기)*2 - 사슬 3코 - 한길긴뜨기 4코

◆ 장미 꽃받침(1개 만들기)

1단(총 5코): 매직링 - 시작코 - 짧은뜨기 5코(첫 코 단수링) - 빼뜨기

2단(총 10코): 기둥사슬 1코 - (짧은뜨기 2코 늘려뜨기)*5(첫 코 단수링) - 빼뜨기

3단(총 15코): 기둥사슬 1코 - (짧은뜨기 1코 - 짧은뜨기 2코 늘려뜨기)*5(첫 코 단수링) - 빼뜨기

4단(총 15코): 기둥사슬 1코 - 짧은뜨기 15코(단수링) - 빼뜨기

5단: {(사슬 5코 - 이랑빼뜨기 2 - 짧은뜨기 1코 - 긴뜨기 1코) - 한 코 건너뛰고 짧은뜨기 1코 - 빼뜨기}*5

◆ 장미 작은 잎사귀(1개 만들기)

1-1단: 시작코 - 사슬 12코 - (27호 철사 ½ 준비) - 짧은뜨기 2코(첫 코 단수링) - 긴뜨기 2코 - 한길긴뜨기 3코 - 긴뜨기 2코 - 짧은뜨기 1코 - 짧은뜨기 3코 늘려뜨기 - 사슬 1코

1-2단: 짧은뜨기 1코 - 긴뜨기 2코 - 한길긴뜨기 3코 - 긴뜨기 2코 - 짧은뜨기 2코 - 빼뜨기

◆ 장미 큰 잎사귀(1개 만들기)

1-1단: 시작코 - 사슬 15코 - (27호 철사 ½ 준비) - 짧은뜨기 2코(첫 코 단수링) - 긴뜨기 2코 - 한길긴뜨기 2코 - 두길긴뜨기 2코 - 한길긴뜨기 2코 - 긴뜨기 2코 - 짧은뜨기 1코 - 짧은뜨기 3코 늘려뜨기 - 사슬 1코

1-2단: 짧은뜨기 1 - 긴뜨기 2코 - 한길긴뜨기 2코 - 두길긴뜨기 2코 - 한길긴뜨기 2코 - 긴뜨기 2코 - 짧은뜨기 2코 - 빼뜨기

1 시작코(사슬 1코)를 만들고 사슬 27코를 뜬다.

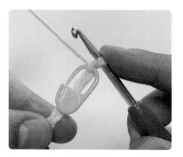

2 코바늘이 걸려있는 코에 단수링을 건다.

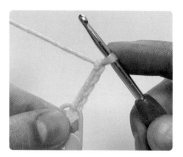

3 기둥사슬 4코를 올린다.

4 단수링을 걸어둔 사슬 코에 두길긴뜨기 5코 늘려뜨기를 한다.

5 사진에 표시된 코를 건너뛴다.

6 이어서 두길긴뜨기 6코 늘려뜨기를 한다.

7 5~6번 과정을 12번 더 반복한다.

8 편물을 뒤집는다.

9 기둥사슬 4코를 올린다.

10 첫 코부터 순서대로 두길긴뜨기 5코를 뜬다.

11 사슬 4코를 뜬다.

12 옆 코로 넘어가서 빼뜨기 한다. 9~12번 과정을 10번 더 반복한다.

13 기둥사슬 3코를 올린다.
[TIP] 장미 안쪽이 자연스럽게 말릴 수 있도록 코수를 줄이기 시작한다.

14 순서대로 한길긴뜨기 5코를 뜬다.

15 사슬 3코를 뜬다.

16 옆 코로 넘어가서 빼뜨기를 한다. 13~16번 과정을 1번 더 반복한다.

17 사슬 3코를 뜨고, 순서대로 한길긴뜨기 4코를 뜨고 실을 당겨 코에서 뺀다. 실을 약 5cm 정도 남기고 자른다.

18 꼬리실이 이어져있는 부분이 안쪽으로 가도록 한다.

19 사진과 같이 안쪽으로 돌돌 말
아준다.

TIP 사슬이 보이는 쪽이 바깥으
로 가게끔 말아야 꽃잎이 퍼져 예
쁘다.

20 말면서 튀어나오는 꼬리실은
밑으로 모아준다.

장미 꽃받침(1개 만들기)

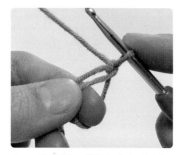

1 매직링을 만들어 시작코(사슬 1
코)를 뜬다.

2 매직링에 짧은뜨기 5코를 뜬다.
TIP 첫 번째 짧은뜨기에 단수링
을 걸어 표시한다.

3 꼬리실을 당겨 편물을 조이고,
빼뜨기를 한다.

4 2단은 기둥사슬 1코를 올리고,
짧은뜨기 2코 늘려뜨기를 총 5
번 반복한다. 빼뜨기까지 완료
하면 총 10코가 된다.

5 3단은 기둥사슬 1코를 올리고,
[짧은뜨기 1코 - 짧은뜨기 2코
늘려뜨기]를 총 5번 반복한다.
빼뜨기까지 완료하면 총 15코
가 된다.

6 4단은 기둥사슬 1코를 올리고
늘림 없이 짧은뜨기 15코를 뜨
고 빼뜨기로 완료한다.

7 5단은 사슬 5코를 뜬다.

8 옆 사슬에 순서대로 이랑빼뜨기를 2번 한다.

9 옆 사슬에 넘어가서 짧은뜨기 1코를 뜬다.

10 옆 사슬에 넘어가서 긴뜨기 1코를 뜬다.

11 사진에 표기된 코를 건너뛴다.

12 짧은뜨기 1코를 뜬다.

13 옆 코로 넘어가서 빼뜨기 한다.

14 7~13번 과정을 4번 더 반복한다. 실을 당겨 코에서 빼고 약 7cm 정도 남기고 자른다.

15 돗바늘에 꼬리실을 넣고, 빼뜨기를 했던 코에 돗바늘을 넣는다.

16 편물을 뒤집어 매직링 꼬리실
이 있는 쪽으로 꼬리실을 이동
한다.

17 가까이 만난 꼬리실끼리 매듭
을 두어 번 짓고 짧게 자른다.

18 꼬리실 매듭이 안쪽으로 들어
가도록 다시 편물을 뒤집는다.

장미 잎사귀(작은 잎사귀 1개, 큰 잎사귀 1개)

1 작은 잎사귀 먼저 시작한다. 시
작코(사슬 1코)를 만들고 사슬
12코를 뜬다.

2 바로 옆 사슬에 짧은뜨기 1코를
완성 직전까지 뜬다.

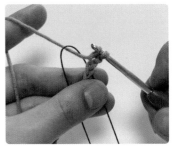

3 27호 철사를 반으로 자른다. 철
사를 반으로 접어 편물과 실 사
이에 얹는다.

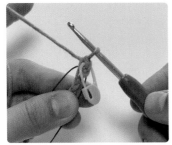

4 짧은뜨기 1코를 완성한 뒤 단수
링을 건다.

5 이어서 [짧은뜨기 1코 - 긴뜨기
2코 - 한길긴뜨기 3코 - 긴뜨기
2코 - 짧은뜨기 1코]를 뜬다.
TIP 마무리까지 쭉 철사를 안고
뜬다.

6 마지막 코에 짧은뜨기 3코 늘려
뜨기를 한다.

7 사슬 1코를 뜬다.

8 꼬리실을 당기면 큰 구멍이 나온다. 해당 구멍의 바로 왼쪽 사슬부터 시작한다.

9 짧은뜨기 1코를 뜬다.
TIP 꼬리실은 코바늘 위에 얹어 함께 뜬다.

10 이어서 [긴뜨기 2코 - 한길긴뜨기 3코 - 긴뜨기 2코 - 짧은뜨기 2코]를 뜬다.

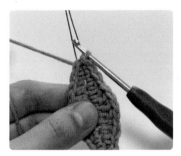

11 단수링을 걸어둔 코에 빼뜨기를 하고 실을 당겨 코에서 뺀다. 실을 약 10cm 정도 남기고 자른다.

12 철사를 5~6번 꼬아 남은 꼬리실로 감싼다. 꼬리실을 철사 사이로 넣고 다시 두어 번 꼬아 고정한다.

13 글 도안을 보며 장미 큰 잎사귀를 1개 더 만든다.
TIP 장미 작은 잎사귀와 큰 잎사귀의 차이점은 코수의 차이이며, 뜨는 방법은 비슷하다. 사이즈는 약 1.5cm 정도 차이난다.

1 18호 초록색 철사 끝부분에 펜치를 활용하여 고리를 만든다.

2 장미 가운데 부분으로 철사를 넣는다.

3 철사 고리는 장미 가운데 부분에 보이지 않도록 고정한다.

4 장미꽃 안쪽에 철사를 글루건으로 고정한다.

5 장미를 다시 빙글빙글 돌려가며 예쁘게 모양을 잡는다.

6 꼬리실은 철사와 함께 두어 번 매듭을 짓는다.

7 장미꽃 사이사이를 글루건으로 고정한다.
[TIP] 어느 한쪽이 떨어지지 않도록 꼼꼼하게 글루건 처리를 한다

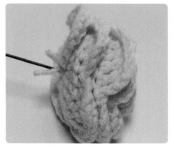

8 매듭 지은 꼬리실을 짧게 자른다.

9 꽃받침 매직링 가운데 부분에 철사에 끼워 넣고, 장미꽃 아래쪽에 글루건으로 고정한다.

10 꽃받침 역시 꼼꼼하게 글루건
으로 장미와 고정한다.
TIP 글루건 처리가 잘 되었는지
최종적으로 확인한다.

11 잎사귀 실로 꽃받침 밑부분부
터 철사를 감싼다.

12 작은 잎사귀를 먼저 감싼다.
TIP 힘을 실어 철사를 감싸야 안
정적으로 고정된다.

13 이어서 큰 잎사귀를 감싼다.

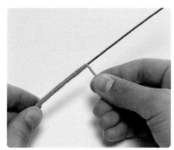

14 원하는 줄기 길이만큼 철사를
실로 감싸고 꼬리실 끝부분은
잘라 철사에 본드로 고정한다.
니퍼로 남은 철사를 자른다.

미니 장미

오밀조밀 모인 미니 장미가 모이면 사랑스러움이 배가 된다는 사실! 알고 계셨나요?
어느 각도로 찍어도 예쁘게 나와 하나뿐인 특별한 부케로 추천합니다.
프릴 포장지만 하나 준비하면 완벽하게 완성된다는 점, 꼭 기억해 주세요!

난이도
★★★★☆
화보 **012p**

준비물
- 원하는 색상의 뜨개실(미니 장미 꽃 색상, 꽃받침&잎사귀&줄기 색상-총 2가지 컬러, 두께 약 2.5mm의 밀키 코튼실 추천)
- 코바늘 5호(3.0mm)
- 철사(줄기-18호 1개, 꽃받침&잎사귀- 27호 7개)
- 가위
- 니퍼
- 본드
- 글루건
- 돗바늘
- 단수링 1개

뜨개 기법
빼뜨기, 이랑빼뜨기, 사슬뜨기, 짧은뜨기, 짧은뜨기 늘려뜨기, 긴뜨기, 한길긴뜨기, 한길긴뜨기 늘려뜨기

만드는 순서
1. 미니 장미 꽃 5개를 뜬다.
2. 미니 장미 꽃받침 5개를 뜬다.
3. 미니 장미 작은 잎사귀 2개, 큰 잎사귀 1개를 뜬다.
4. 장미 꽃을 빙글빙글 말아 모양을 잡는다.
5. 꽃 모양을 잡고, 글루건으로 고정한다.
6. 27호 철사를 반으로 접어 미니 장미 꽃 바닥에 끼워넣는다.
7. 철사를 꽃받침 매직링 안쪽으로 넣는다.
8. 꽃받침을 꽃 바로 밑에 배치해 글루건으로 고정한다.
9. 미니 장미 꽃과 꽃받침 5개를 동일하게 작업한다.
10. 잎사귀 실로 철사를 감싼다.
11. 18호 철사로 미니 장미꽃과 잎사귀를 차례차례 고정한다.
12. 원하는 만큼 철사를 실로 감싼 뒤 끝부분을 본드로 고정한다.
13. 남은 철사는 니퍼로 잘라 마무리한다.

◆ 미니 장미 꽃(5개 만들기)

1단: 시작코 - 사슬 21코(마지막 코 단수링) - 기둥사슬 3코 - 21번째 사슬 코에 한길긴뜨기 3코 늘려뜨기 -
(한 코 건너뛰기 - 한길긴뜨기 4코 늘려뜨기)*10

2단: 편물 뒤집어 (기둥사슬 2코 - 한길긴뜨기 3코 - 사슬 2코 - 빼뜨기)*10 - 사슬 2코 - 한길긴뜨기 3코

◆ 미니 장미 꽃받침(5개 만들기)

1단(총 5코): 매직링 - 시작코 - 짧은뜨기 5코(첫 코 단수링) - 빼뜨기

2단(총 10코): 기둥사슬 1코 - (짧은뜨기 2코 늘려뜨기)*5(첫 코 단수링) - 빼뜨기

3단: {(사슬 5코 - 이랑빼뜨기 - 짧은뜨기 3코) - 짧은뜨기 1코 - 빼뜨기}*5

◆ 미니 장미 작은 잎사귀(2개 만들기)

1-1단: 시작코 - 사슬 11코 - (27호 철사 ½ 준비) - 짧은뜨기 1코(단수링) - 긴뜨기 2코 - 한길긴뜨기 4코 - 긴뜨기 2코 -
짧은뜨기 1코 - 사슬 1코

1-2단: 짧은뜨기 1코 - 긴뜨기 2코 - 한길긴뜨기 4코 - 긴뜨기 1코 - 짧은뜨기 1코 - 빼뜨기

◆ 미니 장미 큰 잎사귀(1개 만들기)

1-1단: 시작코 - 사슬 14코 - (27호 철사 ½ 준비) - 짧은뜨기 1코(단수링) - 긴뜨기 3코 - 한길긴뜨기 5코 - 긴뜨기 3코 -
짧은뜨기 1코 - 사슬 1코

1-2단: 짧은뜨기 1코 - 긴뜨기 3코 - 한길긴뜨기 5코 - 긴뜨기 2코 - 짧은뜨기 1코 - 빼뜨기

1 시작코(사슬 1코)를 만들고 사슬 21코를 뜬다.

2 코바늘이 걸려있는 코에 단수링을 건다.

3 기둥사슬 3코를 올린다.

4 단수링을 걸어둔 사슬 코에 한길긴뜨기 3코 늘려뜨기를 한다.

5 사진에 표시된 코를 건너뛴다.

6 이어서 한길긴뜨기 4코 늘려뜨기를 한다.

7 5~6번 과정을 9번 더 반복한다.

8 편물을 뒤집는다.

9 기둥사슬 2코를 올린다.

10 첫 코부터 순서대로 한길긴뜨기 3코를 뜬다.

11 사슬 2코를 뜬다.

12 옆 코로 넘어가서 빼뜨기를 한다.

13 9~12번 과정을 9번 더 반복한다.

14 사슬 2코를 뜬다.

15 순서대로 한길긴뜨기 3코를 뜨고 실을 당겨 코에서 뺀다. 실을 약 5cm 정도 남기고 자른다.

16 돗바늘에 꼬리실을 넣고, 사진과 같이 한길긴뜨기 기둥의 중심을 따라 돗바늘을 아래로 내려준다. 이후 실을 뺀다.

17 반대쪽 꼬리실이 이어져있는 부분부터 안쪽으로 돌돌 말아준다.
TIP 사슬이 보이는 쪽이 안쪽으로 가야 꽃잎이 모아져 예쁘다.

18 말면서 튀어나오는 꼬리실은 밑으로 모아준다.

081

19 같은 방법으로 장미꽃을 5개 만든다.

미니 장미 꽃받침(5개 만들기)

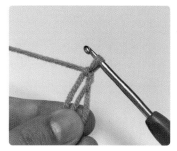

1 매직링을 만들어 시작코(사슬 1 코)를 뜬다.

2 매직링에 짧은뜨기 5코를 뜬다.
TIP 첫 번째 짧은뜨기에 단수링을 걸어 표시한다.

3 꼬리실을 당겨 편물을 조이고 빼뜨기를 한다.

4 2단은 기둥사슬 1코를 올리고, 짧은뜨기 2코 늘려뜨기를 총 5 번 반복한다. 빼뜨기까지 완료 하면 총 10코가 된다.

5 3단은 사슬 5코를 뜬다.

6 옆 사슬에 이랑빼뜨기 를 한다.

7 옆 사슬에 순서대로 짧은뜨기 3코를 뜬다.

8 옆 코로 넘어가서 짧은뜨기 1코를 뜬다.

9 옆 코로 넘어가서 빼뜨기를 한다.

10 5~9번 과정을 4번 더 반복하고 실을 당겨 코에서 뺀다. 실을 약 7cm 정도 남기고 자른다.

11 돗바늘에 꼬리실을 넣고, 빼뜨기를 했던 코에 돗바늘을 넣는다.

12 편물을 뒤집어 매직링 꼬리실이 있는 쪽으로 꼬리실을 이동한다.

13 가까이 만난 꼬리실끼리 매듭을 두어 번 짓고 짧게 자른다.

14 꼬리실 매듭이 안쪽으로 들어가도록 다시 편물을 뒤집는다. 같은 방법으로 꽃받침을 5개 만든다.

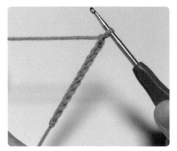

1 작은 잎사귀 먼저 시작한다. 시작코(사슬 1코)를 만들고 사슬 11코를 뜬다.

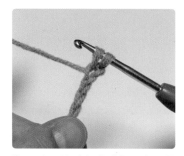

2 바로 옆 사슬에 짧은뜨기 1코를 완성 직전까지 뜬다.

3 27호 철사를 반으로 자른다. 철사를 반으로 접어 편물과 실 사이에 얹는다.

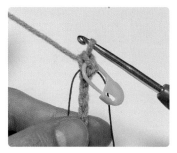

4 짧은뜨기 1코를 완성한 뒤 단수링을 건다.

5 이어서 [긴뜨기 2코 - 한길긴뜨기 4코 - 긴뜨기 2코 - 짧은뜨기 1코]를 뜬다.
TIP 마무리까지 쭉 철사를 안고 뜬다.

6 사슬 1코를 뜬다.

7 꼬리실을 당기면 큰 구멍이 나온다. 해당 구멍의 바로 왼쪽 사슬부터 시작한다.

8 짧은뜨기 1코를 뜬다.
TIP 꼬리실은 코바늘 위에 얹어 함께 뜬다.

9 이어서 [긴뜨기 2코 - 한길긴뜨기 4코 - 긴뜨기 1코 - 짧은뜨기 1코]를 뜬다.

10 단수링을 걸어둔 코에 빼뜨기를 하고 실을 당겨 코에서 뺀다. 실을 약 10cm 정도 남기고 자른다.

11 철사를 8~10번 꼬아 남은 꼬리실로 감싼다. 꼬리실을 철사 사이로 넣고 다시 두어 번 꼬아 고정한다.

12 글 도안을 보며 작은 잎사귀 2개, 큰 잎사귀 1개를 만든다.
TIP 뜨는 방법은 동일하며, 사이즈는 약 1cm 정도 차이난다.

미니 장미 조합하기

1 장미 잎사귀 사이사이를 글루건으로 고정한다.

2 꼬리실끼리 매듭을 두어 번 짓는다.

3 꼬리실을 짧게 자른다.

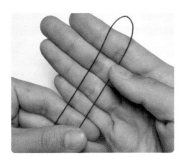

4 27호 철사를 반으로 접는다.

5 장미꽃 밑부분에 철사를 넣어 고정한다.

6 철사를 4~5번 꼬아준다.

7 꽃받침을 장미꽃 아래쪽으로 끼워 넣는다.

8 꽃받침과 장미 꽃잎 글루건을 사용해 장미꽃과 함께 고정한다.
TIP 어느 한쪽이 떨어지지 않도록 섬세하게 글루건 처리를 한다.

9 나머지 장미꽃 4송이를 동일하게 조합한다.

10 장미꽃 2송이를 각각 잎사귀 실로 약 6cm 정도 철사를 감싼다.

11 남은 꼬리실을 철사 사이로 넣고 두어 번 꼬아 고정한다. 남은 철사는 사진과 같이 적당히 남기고 자른다.

12 잎사귀 없는 장미꽃 2송이가 완성되었다.

13 장미꽃 2송이를 각각 작은 잎사귀와 함께 잎사귀 실로 약 6cm 정도 철사로 감싼다.

14 작은 잎사귀를 감싸는 장미꽃은, 잎사귀 위치를 살짝 다르게 고정하면 더욱 예쁘다.

15 남은 큰 잎사귀 역시 마지막 장미꽃과 함께 고정한다.

16 18호 철사에 각각의 장미꽃 위
치를 정한다.
TIP 철사의 맨 위쪽은 잎사귀 없
는 장미꽃을 감싸는 것으로 시작한
다.

17 철사가 보이지 않도록 잎사귀
실로 꼼꼼하게 감싼다.
TIP 힘을 실어 철사를 감싸야 안
정적으로 고정된다.

18 위에서부터 차례차례 장미꽃을
고정한다.

19 어느 한쪽에 치우치지 않도록
잘 분배하여 고정한다.

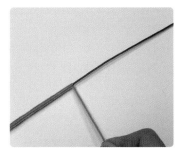

20 원하는 길이만큼 철사를 실로
감싸고 줄기 꼬리실 끝부분은
잘라 철사에 본드로 고정한다.
니퍼로 남은 철사를 자른다.

물망초

푸른빛 꽃잎과 노란 꽃술이 모여 사랑스러운 물망초가 완성되었어요.
'나를 잊지 말아요'라는 꽃말은 작은 꽃들이 전하는 다정한 인사 같아요.
어렵지 않아 짧은 시간 안에 특별한 작품을 만들어볼 수 있답니다!

난이도
★★☆☆☆
화보 **014p**

준비물
- 원하는 색상의 뜨개실(물망초 꽃 색상, 잎사귀&줄기 색상-총 2가지 컬러, 두께 약 2mm의 마카롱실 추천)
- 코바늘 5호(3.0mm)
- 철사(줄기- 18호 1개, 꽃술&잎사귀-27호 5개)
- 가위
- 니퍼
- 본드
- 돗바늘
- 단수링 1개

뜨개 기법
매직링, 빼뜨기, 사슬뜨기, 짧은뜨기, 짧은뜨기 늘려뜨기, 긴뜨기, 한길긴뜨기, 두길긴뜨기

만드는 순서
1. 물망초 꽃 6개를 뜬다.
2. 27호 철사를 반으로 자르고 철사 가운데 부분에 꽃술을 6개 만든다.
3. 꽃술 철사를 물망초 꽃 매직링 안쪽으로 넣는다.
4. 물망초 꽃과 꽃술을 조합해 잎사귀 실로 철사를 감싼다.
5. 물망초 잎사귀 2개를 뜬다.
6. 18호 철사에 물망초 꽃을 차례차례 고정한다.
7. 물망초 꽃 밑부분에 잎사귀를 고정한다.
8. 원하는 만큼 철사를 실로 감싼 뒤 끝부분을 본드로 고정한다.
9. 남은 철사는 니퍼로 잘라 마무리한다.

◆ 물망초 꽃(6개 만들기)

1단: 매직링 - 시작코 - (사슬 2코 - 한길긴뜨기 1코 - 두길긴뜨기 1코 - 한길긴뜨기 1코 - 사슬 1코 - 빼뜨기)＊5

◆ 물망초 잎사귀(2개 만들기)

1-1단: 시작코 - 사슬 20코 - (27호 철사 준비) - 짧은뜨기 3코(첫 코 단수링) - 긴뜨기 3코 - 한길긴뜨기 7코 - 긴뜨기 3코 - 짧은뜨기 2코 - 짧은뜨기 3코 늘려뜨기 - 사슬 1코

1-2단: 짧은뜨기 2코 - 긴뜨기 3코 - 한길긴뜨기 7코 - 긴뜨기 3코 - 짧은뜨기 3코 - 빼뜨기

물망초 꽃(6개 만들기)

1 매직링을 만들어 시작코(사슬 1코)를 뜬다. 꼬리실은 넉넉히 7~10cm가량 남긴다.

2 사슬 2코를 뜬다.

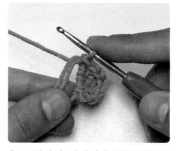

3 이어서 매직링에 [한길긴뜨기 1코 - 두길긴뜨기 1코 - 한길긴뜨기 1코 - 사슬 1코 - 빼뜨기]를 한다. 꽃잎 1개가 완성되었다.

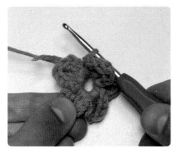

4 2~3번 과정을 4번 더 반복한다.
[TIP] 중간중간 꼬리실을 당겨 편물을 조인다.

5 이때 매직링과 이어진 꼬리실과 빼뜨기로 마무리한 꼬리실을 잘 구분한다. 실을 당겨 코에서 빼고, 약 7~10cm가량 남기고 자른다.

6 매직링과 이어진 꼬리실을 당겨 조인다.

7 빼뜨기로 마무리한 꼬리실은 돗바늘에 넣어 꽃 뒷편으로 보낸다.

8 이어서 시계 반방향으로 꼬리실을 넣어 정리한다.

9 매직링 꼬리실 역시 돗바늘에 넣어 시계 방향으로 꼬리실을 넣어 정리하고 가위로 짧게 자른다.

10 같은 방법으로 물망초 꽃을 6개 만든다.

물망초 꽃술(6개 만들기)

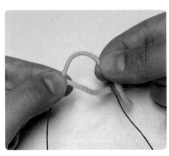

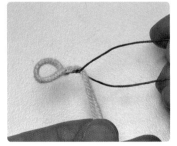

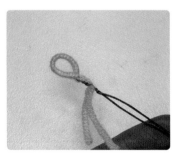

1 27호 철사를 반으로 자르고 노란실로 약 3.5cm 정도 가운데 부분을 감싼다.

2 철사를 두어 번 꼬아 그 사이로 꼬리실을 넣는다.

3 다시 철사를 두어 번 꼬아 고정한다. 같은 방법으로 물망초 꽃술을 6개 만든다.

1 물망초 꽃 매직링 가운데 부분으로 꽃술 철사 끝부분을 집어넣는다.

2 꽃술의 꼬리실이 잘 들어가지 않는다면 코바늘을 활용한다.

3 철사를 구부려 꽃과 함께 단단히 고정한다.

4 잎사귀 실로 꽃 밑부분부터 철사와 꼬리실을 감싼다.

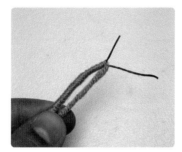

5 철사가 2~3cm 정도 남은 상태에서 남은 꼬리실을 철사 사이로 넣고 그대로 철사를 두어 번 꼬아 고정한다.

6 꼬리실을 바짝 자른다. 같은 방법으로 5개 만든다.

1 시작코(사슬 1코)를 만들고 사슬 20코를 뜬다.

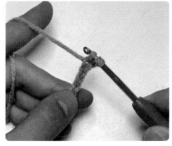

2 바로 옆 사슬에 짧은뜨기 1코를 완성 직전까지 뜬다.

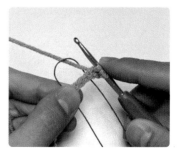

3 27호 철사를 반으로 접어 편물과 실 사이에 얹는다.

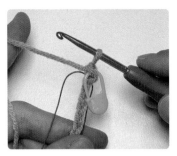

4 짧은뜨기 1코를 완성한 뒤 단수
링을 건다.

5 이어서 [짧은뜨기 2코 - 긴뜨기
3코 - 한길긴뜨기 7코 - 긴뜨기
3코 - 짧은뜨기 2코]를 뜬다.
TIP 마무리까지 쭉 철사를 안고
뜬다.

6 마지막 코에 짧은뜨기 3코 늘
려뜨기를 한다.

7 사슬 1코를 뜬다.

8 꼬리실을 당기면 큰 구멍이 나
온다. 해당 구멍의 바로 왼쪽
사슬부터 시작한다.

9 이어서 [짧은뜨기 2코 - 긴뜨기
3코 - 한길긴뜨기 7코 - 긴뜨기
3코 - 짧은뜨기 3코]를 뜬다.
TIP 꼬리실은 코바늘 위에 얹어
함께 뜬다.

10 단수링을 걸어둔 코에 빼뜨기
를 하고 실을 당겨 코에서 뺀
다. 실을 10cm가량 남기고 자
른다.

11 철사를 8~10번 감아 남은 꼬리
실로 감싼다. 꼬리실을 철사 사
이로 넣고 다시 두어 번 꼬아
고정한다.

12 같은 방법으로 잎사귀를 2개
만든다.

1 잎사귀 실로 물망초 꽃 1개를
18호 철사 위쪽에 감싼다.

2 이어서 차례차례 물망초 꽃을
감싼다.
TIP 힘을 실어 철사를 감싸야 안
정적으로 고정된다.

3 어느 한쪽에 치우치지 않도록
잘 분배하여 감싼다. 이후 약
3~5cm가량 철사를 감싼다.

4 잎사귀 2개를 적절한 위치에
철사와 함께 고정한다.

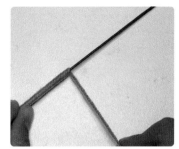

5 원하는 줄기 길이만큼 철사를
실로 감싸고 꼬리실 끝부분은
잘라 철사에 본드를 고정한다.
니퍼로 남은 철사를 자른다.

샤스타데이지

보기만 해도 통통 튀는 샤스타데이지! 맑은 노란색과 깨끗한 흰색이 어우러진 샤스타데이지는
포장 없이도 아주 사랑스러움을 자랑해요. 정성껏 만든 샤스타데이지 몇 송이를
집 한쪽에 두어 보세요. 여러분의 공간이 금세 따뜻하고 환하게 물들 거예요.

난이도
★★★☆☆
화보 **016p**

준비물
- 원하는 색상의 뜨개실(데이지 꽃 색상, 데이지 꽃술 앞면 색상, 잎사귀&줄기 색상-
  총 3가지 컬러, 두께 약 2.0~2.5mm의 밀키 코튼실 추천)
- 코바늘 5호(3.0mm)
- 철사(줄기-18호 1개, 꽃 고정&잎사귀-27호 1개)
- 가위
- 돗바늘
- 니퍼
- 본드
- 글루건
- 솜
- 단수링 4개

뜨개 기법
매직링, 빼뜨기, 이랑빼뜨기, 사슬뜨기, 짧은뜨기, 짧은뜨기 늘려뜨기, 짧은뜨기 줄여뜨기,
네길긴뜨기 늘려뜨기

만드는 순서
1. 데이지 꽃술 앞면, 뒷면 각 1개씩 뜬다.
2. 꽃술의 앞면과 뒷면을 겹쳐 이어가며 꽃을 뜬다.
3. 데이지 잎사귀 1개를 뜬다.
4. 27호 초록색 철사를 반으로 잘라 데이지 꽃에 고정한다.
5. 잎사귀 실로 철사를 감싼다.
6. 데이지 꽃과 줄기가 되어줄 18호 초록색 철사를 합쳐 실로 감싼다.
7. 이어서 잎사귀를 철사로 고정한다.
8. 원하는 만큼 철사를 실로 감싼 후 끝부분을 본드로 고정한다.
9. 남은 철사는 니퍼로 잘라 마무리한다.

◆ **데이지 꽃술 앞면&뒷면(2개 만들기)**

1단(총 6코): 매직링 - 시작코 - 짧은뜨기 6코(첫 코 단수링) - 빼뜨기

2단(총 12코): 기둥사슬 1코 - (짧은뜨기 2코 늘려뜨기)＊6(첫 코 단수링) - 빼뜨기

3단(총 12코): 기둥사슬 1코 - 짧은뜨기 12코(첫 코 단수링) - 빼뜨기

TIP 앞면은 노란색, 뒷면은 초록색으로 만든다.

◆ **데이지 꽃(1개 만들기)**

1단: {(사슬 6코, 네길긴뜨기 2코 늘려뜨기, 사슬 6코) - 빼뜨기}＊12(다음 코 이동하지 않고 바로 시작)

◆ **데이지 잎사귀(1개 만들기)**

1-1단: 시작코 - 사슬 15코 - (27호 철사 ½ 준비) - 짧은뜨기 14코(첫 코 단수링)

1-2단: 짧은뜨기 13코 - 빼뜨기

2-1단: (짧은뜨기 2코(첫 코 단수링) - 짧은뜨기 2코 줄여뜨기 - 사슬 2코 - 마지막 줄여뜨기 코에 빼뜨기)＊3 - 짧은뜨기 2코 - (사슬 2코 - 이랑빼뜨기)

2-2단: 짧은뜨기 1코 - (짧은뜨기 2코 줄여뜨기 - 사슬 2코 - 마지막 줄여뜨기 코에 빼뜨기 - 짧은뜨기 2코)＊3 - 빼뜨기

데이지 꽃술 앞면&뒷면(2개 만들기)

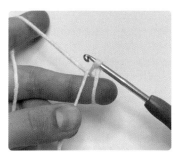 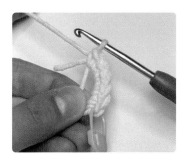 

1 데이지 꽃술 앞면 먼저 시작한다. 매직링을 만들어 시작코(사슬 1코)를 뜬다.

2 매직링에 짧은뜨기 6코를 뜬다. TIP 첫 번째 짧은뜨기에 단수링을 걸어 표시한다.

3 꼬리실을 당겨 편물을 조이고 빼뜨기를 한다.

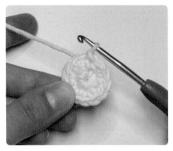

4 2단은 기둥사슬 1코를 올리고, 짧은뜨기 2코 늘려뜨기를 6번 반복한다. 빼뜨기까지 완료하면 총 12코가 된다.

5 3단은 기둥사슬 1코를 올리고 늘림 없이 짧은뜨기 12코를 뜬다. 빼뜨기를 하고 실을 당겨 코에서 뺀다. 실을 약 5cm 정도 남기고 자른다.

7 돗바늘에 꼬리실을 넣고, 빼뜨기한 곳으로 넣는다. 같은 방법으로 데이지 뒷면을 만든다.
TIP 빼뜨기 한 공간이 헷갈린다면 양옆으로 단수링으로 표시한다.

데이지 꽃(1개 만들기)

1 데이지 꽃술 앞면과 뒷면을 함께 겹쳐 시작한다.
TIP 앞면, 뒷면 모두 꼬리실을 안쪽으로 넣는다.

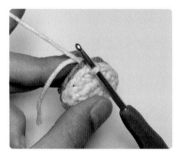

2 앞면, 뒷면 사슬에 코바늘을 넣어 꽃 색상의 실을 끌어온다. 어디에서 시작해도 괜찮다.

3 바로 사슬 6코를 뜬다.

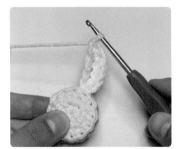

4 같은 코에 네길긴뜨기 2코 늘려뜨기를 한다.

5 꼬리실은 편물 안에 넣는다.

6 또 다시 사슬 6코를 뜬다.

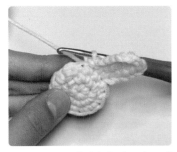

7 옆 코로 넘어가서 빼뜨기를 한다. 꽃잎 1개가 완성되었다.

8 3~7번 과정을 11번 더 반복한다. 2번 정도 남았을 때 솜을 넉넉히 넣는다.

TIP 샤스타데이지는 반복 구간에서 다음 코로 이동하지 않는다. 즉, 마지막 빼뜨기한 코에서 바로 반복 구간을 시작한다.

9 마지막 빼뜨기는 첫 코에 한다.

10 실을 7cm 정도 남기고 자른 뒤 돗바늘에 넣어 빼뜨기 했던 코로 넣는다. 즉, 꼬리실을 꽃의 뒷편으로 보낸다.

11 사진과 같이 꼬리실을 정리한다.

12 꽃잎을 손으로 예쁘게 편다.

------- (**데이지 잎사귀(1개 만들기)**) -------

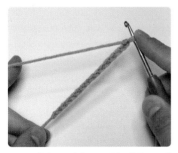

1 시작코(사슬 1코)를 만들고 사슬 15코를 뜬다.

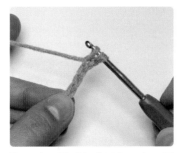

2 바로 옆 사슬에 짧은뜨기 1코를 완성 직전까지 뜬다.

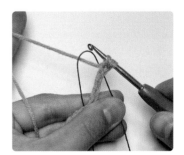

3 반으로 자른 27호 철사를 준비한다. 철사를 반으로 접어 편물과 실 사이에 얹는다.

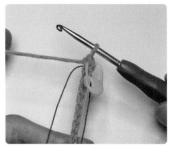

4 짧은뜨기 1코를 완성한 뒤 단수링을 건다.

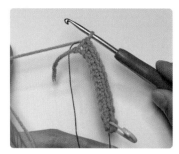

5 이어서 짧은뜨기 13코를 뜬다.

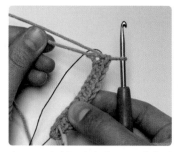

6 꼬리실을 당기면 큰 구멍이 나온다. 해당 구멍의 바로 왼쪽 사슬부터 시작한다.

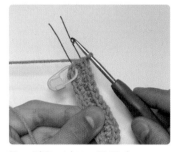

7 짧은뜨기 13코를 뜬다.
[TIP] 꼬리실은 코바늘 위에 얹어 함께 뜬다.

8 단수링을 걸어둔 코에 빼뜨기를 한다.

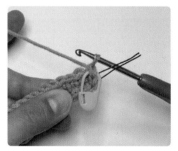

9 빼뜨기 했던 코에 짧은뜨기 1코를 뜨고 단수링을 건다.

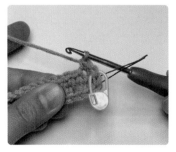

10 옆 코로 넘어가서 짧은뜨기 1코를 뜬다.

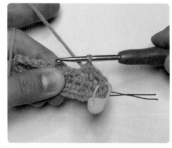

11 짧은뜨기 2코 줄여뜨기 한다.

12 사슬 2코를 뜬다.

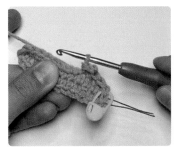

13 마지막 줄여뜨기 한 코에 빼뜨기를 한다.

14 9~13번 과정을 2번 더 반복한다. [짧은뜨기 2코 - 짧은뜨기 2코 줄여뜨기 - 사슬 2코 - 빼뜨기]

15 옆 코로 넘어가서 짧은뜨기 1코를 뜬다.

16 옆 코로 넘어가서 짧은뜨기 1개를 뜨고 사슬 2코를 뜬다.

17 사슬 첫 코에 이랑빼뜨기를 한다.

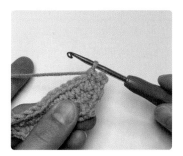

18 옆 코로 넘어가서 짧은뜨기 1코를 뜬다.

19 옆 코로 넘어가서 짧은뜨기 2코 줄여뜨기를 한다.

20 사슬 2코를 뜬다.

21 마지막 줄여뜨기 한 코에 빼뜨기를 한다.

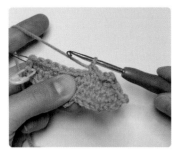

22 짧은뜨기 2코를 뜬다.

23 19~22번 과정을 2번 더 반복한다. [짧은뜨기 2코 줄여뜨기 - 사슬 2코 - 빼뜨기 - 짧은뜨기 2코]

24 단수링을 걸어둔 코에 빼뜨기를 하고 실을 당겨 코에서 뺀다. 실을 약 10cm 정도 남기고 자른다.

25 철사를 8~10번 꼬아 남은 꼬리실로 감싼다. 꼬리실을 철사 사이로 넣고 다시 두어 번 꼬아 고정한다.

26 남은 꼬리실을 짧게 자르고, 손으로 잎사귀를 만져 모양을 잡는다.

──────────(**데이지 조합하기**)──────────

1 27호 초록색 철사를 반으로 자른다. 철사를 반으로 접어 데이지 뒷면의 매직링 부분에 넣어 고정한다.

2 철사를 4~5번 꼬아준다.

3 잎사귀 실로 꽃받침 밑부분부터 5~6cm 정도 철사를 감싼다.

4 철사 사이로 실을 넣고 두어 번 꼬아 고정하고, 꼬리실을 짧게 자른다.

5 잎사귀 실로 데이지 꽃과 철사 위쪽을 감싸며 고정한다.
[TIP] 힘을 실어 철사를 감싸야 안 정적으로 고정된다.

6 이어서 원하는 위치에 잎사귀 를 고정한다.

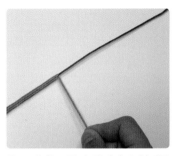

7 원하는 줄기 길이만큼 철사를 실로 감싸고 꼬리실 끝부분은 잘라 철사에 본드를 고정한다. 니퍼로 남은 철사를 자른다.

마트리카리아

평소에 계란꽃이라고도 불리는 마트리카리아. 몰실몽실한 작은 꽃들이 모여
봄날 햇살처럼 따뜻한 꽃다발이 탄생했어요. '항상 소중한 마음을 기억해 주세요'라는
꽃말처럼, 소중한 사람에게 선물해 보는 건 어떨까요?
이 작은 꽃들이 당신의 마음을 대신해 하루를 환히 밝혀줄 거예요.

난이도
★★★☆☆
화보 **018p**

준비물
- 원하는 색상의 뜨개실(마트리카리아 꽃 색상, 마트리카리아 꽃술 색상,
  잎사귀&줄기 색상-총 3가지 컬러, 두께 약 2.0~2.5mm의 밀키 코튼실 추천)
- 코바늘 5호(3.0mm)
- 철사(줄기-18호 1개, 꽃받침&잎사귀- 27호 4개)
- 가위
- 니퍼
- 본드
- 돗바늘
- 단수링 1개

뜨개 기법
매직링, 빼뜨기, 이랑빼뜨기, 사슬뜨기, 짧은뜨기, 짧은뜨기 줄여뜨기, 한길긴뜨기 구슬뜨기

만드는 순서
1. 마트리카리아 꽃 5개를 뜬다.
2. 마트리카리아 꽃술 5개를 뜬다.
3. 27호 철사를 반으로 잘라 꽃술 사이로 넣는다.
4. 꽃술을 마트리카리아 꽃 매직링 안쪽으로 넣는다.
5. 잎사귀와 동일한 색상의 실로 철사를 감싼다.
6. 마트리카리아 잎사귀 2개를 뜬다.
7. 18호 철사에 마트리카리아 꽃을 차례차례 고정한다.
8. 중간중간 마트리카리아 잎사귀를 고정한다.
9. 원하는 만큼 철사를 실로 감싼 후 끝부분을 본드로 고정한다.
10. 남은 철사는 니퍼로 잘라 마무리한다.

◆ **마트리카리아 꽃(5개 만들기)**

1단: 매직링 - 시작코 - (사슬 6코 - 빼뜨기) * 7

◆ **마트리카리아 꽃술(5개 만들기)**

1단: 시작코 - 사슬 3코 - 한길긴뜨기 4코 구슬뜨기 - 사슬 3코 - 빼뜨기

◆ **마트리카리아 잎사귀(2개 만들기)**

1-1단: 시작코 - 사슬 11코 - (27호 철사 ½ 준비) - (짧은뜨기 2코(첫 코 단수링) - 짧은뜨기 2코 줄여뜨기 - 사슬 3코 - 마지막 줄여뜨기 코에 빼뜨기) * 2 - 짧은뜨기 2코 - (사슬 2코 - 이랑빼뜨기)

1-2단: 짧은뜨기 1코 - (짧은뜨기 2코 줄여뜨기 - 사슬 3코 - 마지막 줄여뜨기 코에 빼뜨기 - 짧은뜨기 2코) * 2 - 빼뜨기

마트리카리아 꽃(5개 만들기)

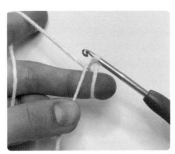

1 매직링을 만들어 시작코(사슬 1코)를 뜬다. 꼬리실은 넉넉히 7~10cm가량 남긴다.

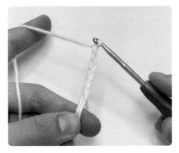

2 사슬 6코를 뜬다.

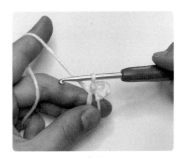

3 매직링 안에 빼뜨기를 한다.

4 2~3번 과정을 6번 더 반복하고 실을 당겨 코에서 뺀다. 실을 약 7~10cm가량 남기고 자른다.
TIP 중간중간 꼬리실을 당겨 편물을 조인다.

5 매직링과 이어진 꼬리실을 조이면 꽃이 예쁘게 모인다. 다만 꽃술이 들어갈 수 있는 살짝의 구멍은 남긴다.
TIP 매직링과 이어진 꼬리실과 마지막 빼뜨기로 마무리한 꼬리실을 잘 구분한다.

6 빼뜨기로 마무리한 꼬리실은 돗바늘에 넣어 매직링을 통과해 꽃 뒷편으로 보낸다.

7 이어서 시계 반방향으로 꼬리실을 넣어 정리한다.

8 매직링 꼬리실 역시 돗바늘에 넣어 시계 방향으로 꼬리실을 넣어 정리한다. 꼬리실은 모두 짧게 자른다.

9 같은 방법으로 마트리카리아 꽃을 5개 만든다.

마트리카리아 꽃술(5개 만들기)

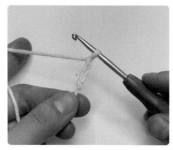

1 시작코(사슬 1코)를 만들고 사슬 3코를 뜬다.

2 한길긴뜨기 4코 구슬뜨기를 한다. 코바늘에 총 5줄이 걸린다.

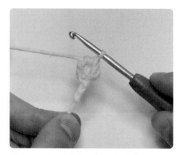

3 구슬뜨기를 마무리한다.

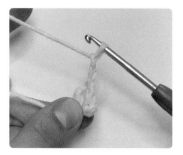

4 사슬 3코를 뜬다.

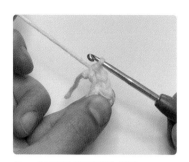

5 첫 코에 빼뜨기를 한다.

6 작은 꽃술이 만들어졌다. 꼬리 실은 짧게 자른다.

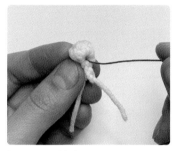

7 27호 철사를 반으로 잘라 사진 과 같이 사슬 위 구멍으로 철사 한쪽을 밀어넣는다.

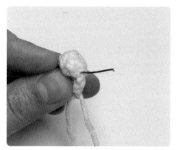

8 철사가 반대편 사슬에서 빠져 나올 수 있도록 한다. 고정을 위한 작업으로 정교할 필요는 없다.

9 철사를 두어 번 꼬아 고정한다. 같은 방법으로 물망초 꽃술을 5개 만든다.

마트리카리아 꽃, 꽃술 조합하기

1 마트리카리아 꽃 매직링에 꽃 술 철사 끝부분을 넣는다.

2 꽃술의 꼬리실이 잘 들어가지 않는다면 코바늘을 활용한다.

3 잎사귀 실로 꽃 밑부분부터 철 사와 꼬리실을 감싼다.

4 철사가 2~3cm 정도 남은 상태에서 남은 꼬리실을 철사 사이로 넣는다.

5 그대로 철사를 두어 번 꼬아 고정하고 꼬리실을 짧게 자른다.

7 같은 방법으로 5개 만든다.

마트리카리아 잎사귀(2개 만들기)

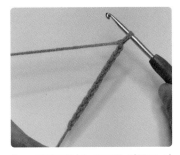

1 시작코(사슬 1코)를 만들고 사슬 11코를 뜬다.

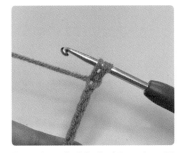

2 바로 옆 사슬에 짧은뜨기 1코를 완성 직전까지 뜬다.

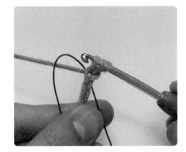

3 반으로 자른 27호 철사를 준비한다. 철사를 반으로 접어 편물과 실 사이에 얹는다.

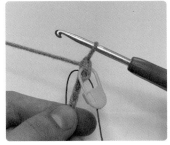

4 짧은뜨기 1코를 완성한 뒤 단수링을 건다.

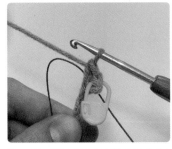

5 옆 코로 넘어가서 짧은뜨기 1코를 뜬다.

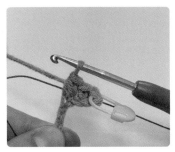

6 옆 코로 넘어가서 짧은뜨기 2코 줄여뜨기를 한다.

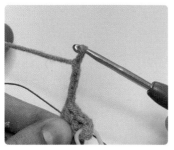

7 사슬 3코를 뜬다.

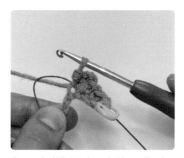

8 마지막 줄여뜨기 한 코에 빼뜨기를 한다.

9 2~8번 과정을 1번 더 반복한다. [짧은뜨기 2코 - 짧은뜨기 2코 줄여뜨기 - 사슬 3코 - 빼뜨기]

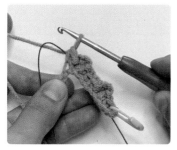

10 옆 코로 넘어가서 짧은뜨기 1코를 뜬다.

11 옆 코로 넘어가서 짧은뜨기 1코를 뜬다. 이어서 사슬 2코를 뜬다.

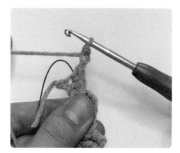

12 사슬 첫 코에 이랑빼뜨기를 한다.

13 꼬리실을 당기면 큰 구멍이 나온다. 해당 구멍의 바로 왼쪽 사슬부터 시작한다.

14 이어서 짧은뜨기 1코를 뜬다.
TIP 꼬리실은 코바늘 위에 얹어 함께 뜬다.

15 이어서 [짧은뜨기 2코 줄여뜨기 - 사슬 3코 - 마지막 줄여뜨기 코에 빼뜨기 - 짧은뜨기 2코]를 2번 반복한다.

16 단수링을 걸어둔 코에 빼뜨기를 하고 실을 당겨 코에서 뺀다. 실을 약 10cm 정도 남기고 자른다.

17 철사를 8~10번 감아 남은 꼬리실로 감싼다. 꼬리실을 철사 사이로 넣고 다시 두어 번 꼬아 고정한다.

18 남은 꼬리실을 짧게 자르고, 손으로 잎사귀를 만져 모양을 잡는다. 같은 방법으로 잎사귀를 2개 만든다.

마트리카리아 조합하기

1 18호 철사 위쪽에 마트리카리아 꽃 1개를 잎사귀 실로 감싼다.

2 1~2cm 정도 내려와서 두 번째 꽃을 고정한다.

3 다음은 잎사귀를 고정한다.

4 다음은 세 번째 꽃을 고정한다.

5 다른 방향으로 네 번째 꽃을 고정한다.

6 꽃이 풍성해보일 수 있도록 여러 방향으로 꽃과 잎사귀를 고정한다.

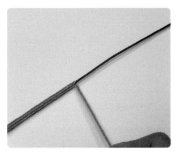

7 원하는 줄기 길이만큼 철사를
실로 감싸고 꼬리실 끝부분은
잘라 철사에 본드를 고정한다.
니퍼로 남은 철사를 자른다.

라벤더

마치 보라색 설탕 과자처럼 길쭉한 라벤더. 투명 포장지로 살짝 감싼 뒤 마끈으로
리본을 두어 번 묶어주면 손쉽게 분위기 있는 꽃다발이 완성돼요.
여름에만 만날 수 있는 라벤더를, 우리는 사계절 내내 만나보자고요.

난이도
★★★☆☆
화보 **020p**

준비물
- 원하는 색상의 뜨개실(라벤더 꽃 색상, 잎사귀&줄기 색상-총 2가지 컬러,
  두께 약 2mm의 마카롱실 추천)
- 코바늘 5호(3.0mm)
- 철사(줄기-18호 1개, 잎사귀-27호 1개)
- 가위
- 니퍼
- 본드
- 글루건
- 단수링 1개

뜨개 기법
빼뜨기, V코 빼뜨기, 이랑빼뜨기, 사슬뜨기, 짧은뜨기, 긴뜨기, 한길긴뜨기,
한길긴뜨기 늘려뜨기

만드는 순서
1. 라벤더 1개를 뜬다.
2. 잎사귀 2개를 뜬다.
3. 라벤더를 18호 철사에 글루건으로 고정한다.
4. 잎사귀와 동일한 색상의 실로 철사를 감싼다.
5. 이어서 잎사귀를 차례차례 고정한다.
6. 원하는 만큼 철사를 실로 감싼 뒤 끝부분을 본드로 고정한다.
7. 남은 철사는 니퍼로 잘라 마무리한다.

◆ 라벤더(1개 만들기)

1단: 시작코 - 사슬 37코(마지막 코 단수링) - 기둥사슬 3코 - 37번째 사슬 코에 한길긴뜨기 2코 늘려뜨기 -
(짧은뜨기 1코, 한길긴뜨기 1코, 사슬 3코, V코 빼뜨기, 한길긴뜨기 1코)*35 - (한길긴뜨기 2코 늘려뜨기, 빼뜨기)

◆ 라벤더 잎사귀(2개 만들기)

1-1단: 시작코 - 사슬 13코 - (27호 철사 ½ 준비) - 짧은뜨기 4코(첫 코 단수링) - 긴뜨기 4코 - 짧은뜨기 4코 -
(사슬 1코 - 이랑빼뜨기)

1-2단: 짧은뜨기 3코 - 긴뜨기 4코 - 짧은뜨기 4코 - 빼뜨기

라벤더(1개 만들기)

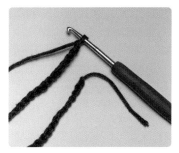

1 시작코(사슬 1코)를 만들고 사슬 37코를 뜬다.

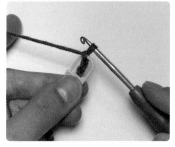

2 코바늘이 걸려있는 코에 단수링을 건다.

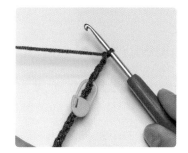

3 기둥사슬 3코를 올린다.

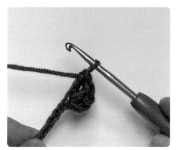

4 단수링을 걸어둔 사슬 코에 한길긴뜨기 2코 늘려뜨기를 한다.

5 옆 코로 넘어가서 짧은뜨기 1코를 뜬다.

6 같은 코에 (한길긴뜨기 1코, 사슬 3코)를 뜬다.

7 사진을 참고해 사슬 시작 전 V코를 찾는다.

8 해당 V코에 코바늘을 넣어 빼뜨기를 한다.

9 같은 코에 한길긴뜨기 1코를 뜬다.

10 5~9번 과정을 34번 더 반복한다. (짧은뜨기 1코, 한길긴뜨기 1코, 사슬 3코, V코 빼뜨기, 한길긴뜨기 1코)

11 마지막 코는 한길긴뜨기 2코 늘려뜨기를 한다.

12 같은 코에 빼뜨기를 하고 실을 당겨 코에서 뺀다. 꼬리실을 적당히 자른다.

--------------------------------- 라벤더 잎사귀(2개 만들기) ---------------------------------

1 시작코(사슬 1코)를 만들고 사슬 13코를 뜬다.

2 바로 옆 사슬에 짧은뜨기 1코를 완성 직전까지 뜬다.

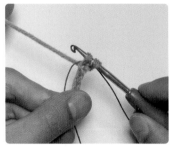

3 반으로 자른 27호 철사를 준비한다. 철사를 반으로 접어 편물과 실 사이에 얹는다.

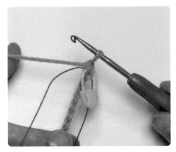

4 짧은뜨기 1코를 완성한 뒤 단수링을 건다.

5 이어서 [짧은뜨기 3코 - 긴뜨기 4코 - 짧은뜨기 4코]를 뜬다.

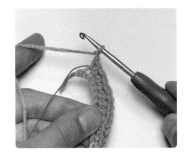

6 사슬 1코를 뜬다.

7 사진을 참고하여 바로 왼쪽 사슬을 찾는다.

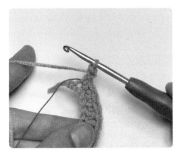

8 해당 코에 이랑빼뜨기를 한다.

9 꼬리실을 당기면 큰 구멍이 나온다. 해당 구멍의 바로 왼쪽 사슬부터 시작한다.
TIP 꼬리실은 코바늘 위에 얹어 함께 뜬다.

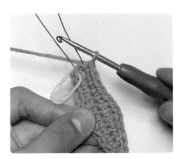

10 [짧은뜨기 3코 - 긴뜨기 4코 - 짧은뜨기 4코]를 뜬다.

11 단수링을 걸어둔 코에 빼뜨기를 하고 실을 당겨 코에서 뺀다. 실을 약 5cm 정도 남기고 자른다.

12 철사를 5~6번 꼬아 남은 꼬리실로 꼬아준 감싼다. 꼬리실을 철사 사이로 넣고 다시 두어 번 꼬아 고정한다.

13 같은 방법으로 잎사귀를 2개 만든다.

라벤더 조합하기

1 18호 철사를 중심으로 라벤더를 빙글빙글 돌려가며 모양을 잡는다.

2 라벤더를 널널하게 모양을 잡으면 길쭉한 라벤더가 만들어진다.

3 라벤더를 타이트하게 모양을 잡으면 통통한 라벤더가 만들어진다.

4 라벤더 가장 윗 부분을 글루건으로 철사에 고정한다.

5 이어서 라벤더 안쪽 부분에 글루건으로 중간중간 꼼꼼하게 철사에 고정한다.

6 남은 꼬리실은 두어 번 매듭 짓고 짧게 자른다.

7 잎사귀 실로 라벤더 밑부분부
터 철사를 감싼다.
TIP 라벤더 꼬리실을 숨기듯이
함께 감싼다.

8 차례차례 잎사귀를 감싼다.
TIP 힘을 실어 철사를 감싸야 안
정적으로 고정된다.

9 원하는 줄기 길이만큼 철사를
실로 감싸고 꼬리실 끝부분은
잘라 철사에 본드로 고정한다.
니퍼로 남은 철사를 자른다.

은방울꽃

작은 종처럼 생긴 꽃잎이 인상적인 은방울꽃. 꽃봉오리부터 은방울꽃까지,
하나하나 만들어가는 즐거움이 가득해 많은 사랑을 받는 도안이에요.
두세 송이만 정성껏 만들어도, 작은 꽃다발로 완성했을 때
정말 사랑스러운 분위기를 연출할 수 있답니다!

난이도
★★★☆☆
화보 **022p**

준비물
- 원하는 색상의 뜨개실(은방울꽃 색상, 은방울꽃 꽃술 색상, 꽃봉오리&줄기 색상-총 3가지 컬러, 두께 약 2.5mm의 밀키 코튼실 추천)
- 코바늘 4호(2.5mm)
- 철사(줄기-18호 1개, 꽃 고정-27호 3개)
- 가위
- 니퍼
- 본드
- 돗바늘
- 단수링 1개

뜨개 기법
매직링, 빼뜨기, 사슬뜨기, 짧은뜨기, 짧은뜨기 늘려뜨기, 짧은뜨기 줄여뜨기, 긴뜨기, 한길긴뜨기

만드는 순서
1. 은방울꽃 3개를 뜬다.
2. 꽃술 3개를 만든다.
3. 은방울꽃과 꽃술을 조합한다.
4. 초록색, 흰색 꽃봉오리 2개를 뜬다.
5. 꽃봉오리와 동일한 색상의 초록색 실을 준비한다.
6. 18호 철사에 꽃봉오리부터 차례차례 고정한다.
7. 원하는 만큼 철사를 실로 감싼 뒤 끝부분을 본드로 고정한다.
8. 남은 철사는 니퍼로 잘라 마무리한다.

◆ **은방울꽃(3개 만들기)**

1단(총 6코): 매직링 - 시작코 - 짧은뜨기 6코(첫 코 단수링) - 빼뜨기

2단(총 12코): 기둥사슬 1코 - (짧은뜨기 2코 늘려뜨기)＊6(첫 코 단수링) - 빼뜨기

3단(총 18코): 기둥사슬 1코 - (짧은뜨기 1코 - 짧은뜨기 2코 늘려뜨기)＊6(첫 코 단수링) - 빼뜨기

4~5단(총 18코): 기둥사슬 1코 - 짧은뜨기 18코(첫 코 단수링) - 빼뜨기

6단(총 12코): 기둥사슬 1코 - (짧은뜨기 1코 - 짧은뜨기 2코 줄여뜨기)＊6(첫 코 단수링) - 빼뜨기

7단: 기둥사슬 1코 - {(짧은뜨기 1코(단수링), 긴뜨기 1코, 한길긴뜨기 1코) - (한길긴뜨기 1코, 긴뜨기 1코, 짧은뜨기 1코)}＊6 - 빼뜨기

◆ **초록색&흰색 꽃봉오리(각 1개씩 만들기)**

1단(총 4코): 매직링 - 시작코 - 짧은뜨기 4코(첫 코 단수링) - 빼뜨기

2단(총 8코): 기둥사슬 1코 - (짧은뜨기 2코 늘려뜨기)＊4(첫 코 단수링) - 빼뜨기

3~5단(총 8코): 기둥사슬 1코 - 짧은뜨기 8코(첫 코 단수링) - 빼뜨기

＊흰색 꽃봉오리는 5단 생략, 4단 이후 6단으로 바로 이동

6단(총 4코): 기둥사슬 1코 - (짧은뜨기 2코 줄여뜨기)＊4(첫 코 단수링) - 빼뜨기

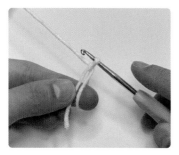

1 매직링을 만들어 시작코(사슬 1 코)를 뜬다.

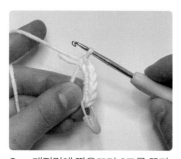

2 매직링에 짧은뜨기 6코를 뜬다.
TIP 첫 번째 짧은뜨기에 단수링 을 걸어 표시한다.

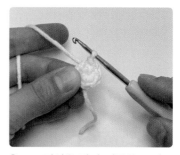

3 꼬리실을 당겨 편물을 조이고 빼뜨기를 한다.

4 2단은 짧은뜨기 2코 늘려뜨기 를 총 6번 반복한다. 빼뜨기까 지 완료하면 총 12코가 된다.
TIP 2~7단을 시작할 때 기둥사슬 1코는 필수로 세운다.

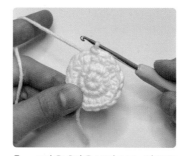

5 3단은 [짧은뜨기 1코 - 짧은뜨 기 2코 늘려뜨기]를 총 6번 반 복한다. 빼뜨기까지 완료하면 총 18코가 된다.

6 4~5단은 늘림 없이 짧은뜨기 18코를 뜬다. 빼뜨기로 완료한 다.

7 6단부터는 단을 줄인다. [짧은 뜨기 1코 - 짧은뜨기 2코 줄여뜨 기]를 총 6번 반복한다. 빼뜨기 까지 완료하면 총 12코가 된다.

8 7단은 같은 코에 (짧은뜨기 1코, 긴뜨기 1코, 한길긴뜨기 1코)를 뜬다.
TIP 짧은뜨기에 단수링을 걸어 표시한다.

9 옆 코로 넘어가서 같은 코에 (한 길긴뜨기 1코, 긴뜨기 1코, 짧은 뜨기 1코)를 뜬다.

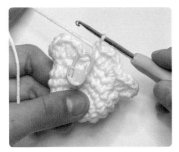

10 8~9번 과정을 5번 더 반복한다. 기둥사슬은 생략한다.

11 단수링을 걸어둔 코에 빼뜨기를 하고 실을 당겨 코에서 뺀다. 실을 약 10cm 정도 남기고 자른다.

12 돗바늘에 꼬리실을 넣고, 빼뜨기한 곳으로 넣는다.

13 편물을 뒤집어 매직링의 꼬리실이 있는 곳으로 바느질한다. 돗바늘을 어느 쪽에 넣어도 상관없다.

14 꼬리실끼리 매듭을 두어 번 짓고 짧게 자른다.

15 같은 방법으로 은방울꽃을 3개 만든다.

꽃술(3개 만들기)

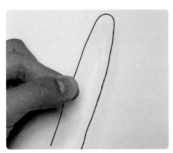

1 반으로 자른 27호 철사를 준비한다.

2 검지부터 약지 손가락을 모아 옅은 노란색 컬러의 실을 8~10번 정도 돌돌 감고 실을 자른다.

3 모아준 실의 중간에 철사를 꼬아 고정한다.

4 이어진 실의 끝부분을 자른다.

5 돗바늘과 같은 뾰족한 물체로 실을 가닥가닥 푼다. 같은 방법으로 3개의 꽃술을 만든다.

은방울꽃, 꽃술 조합하기(3개 만들기)

1 은방울꽃 매직링에 꽃술의 철사 끝부분을 넣는다.

2 너무 길거나 삐져나온 꽃술은 잘라 다듬는다.

3 꽃봉오리와 동일한 색상의 초록색 실로 꽃 밑부분부터 철사를 감싼다.

4 3~4cm 정도 철사를 남기고 사이로 실을 넣는다.

5 그대로 철사를 두어 번 꼬아 고정하고 꼬리실을 짧게 자른다.

6 같은 방법으로 은방울꽃을 3개 조합한다.

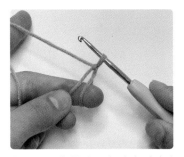

1 초록색 꽃봉오리 먼저 시작한다. 매직링을 만들어 시작코(사슬 1코)를 뜬다.

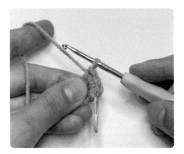

2 매직링에 짧은뜨기 4코를 뜬다.
TIP 첫 번째 짧은뜨기에 단수링으로 걸어 표시한다.

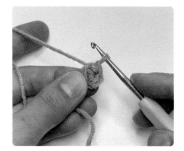

3 꼬리실을 당겨 편물을 조이고 빼뜨기를 한다.

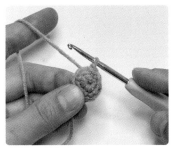

4 2단은 기둥사슬 1코를 올리고, 짧은뜨기 2코 늘려뜨기를 총 4번 반복한다. 빼뜨기까지 완료하면 총 8코가 된다.

5 3~5단은 기둥사슬 1코를 올리고 늘림 없이 짧은뜨기 8코를 뜬다. 빼뜨기로 완료한다.

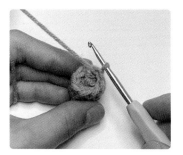

6 매직링의 꼬리실은 편물 안쪽으로 넣는다.

7 5단이 끝나면 꽃봉오리의 빈 공간에 같은 색상의 실을 넣어 채운다.

8 6단부터는 단을 줄인다. 기둥사슬 1코를 올리고 짧은뜨기 2코 줄여뜨기를 총 4번 반복한다. 빼뜨기까지 완료하면 총 4코가 된다. 실을 당겨 코에서 빼고 약 10cm 정도 남기고 자른다.

9 꼬리실을 돗바늘에 넣고, 가까운 매직링 가운데 부분으로 들어가 위쪽 방향으로 돗바늘을 넣는다.

10 편물 밖으로 꼬리실이 보이지 않도록 짧게 자른다.

11 초록색 꽃봉오리 완성. 흰색 꽃봉오리는 5단만 생략하고 나머지 도안은 동일하게 진행한다.

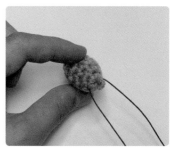

12 반으로 자른 27호 철사를 준비한다. 편물 아래쪽 부분으로 철사를 사진과 같이 넣는다.

13 철사를 두어 번 꼬아 고정한다.

14 초록색 꽃봉오리와 동일한 색상의 실로 꽃봉오리 밑부분부터 철사를 감싼다.

15 글 도안을 참고하여 흰색 꽃봉오리를 1개 더 만든다.

은방울꽃 조합하기

1 18호 철사 위쪽에 초록색 꽃봉오리를 동일한 실로 감싼다.

2 이어서 흰색 꽃봉오리도 같은 방향을 향해 고정한다.

3 이번엔 반대 방향으로 은방울꽃을 고정한다.

4 2~3cm 정도 아래 두 번째 은방울꽃을 고정한다.

5 또 다시 2~3cm 정도 아래 세 번째 은방울꽃을 고정한다.

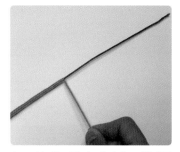

6 원하는 줄기 길이만큼 철사를 실로 감싸고 꼬리실 끝부분은 잘라 본드로 철사에 고정한다. 니퍼로 남은 철사를 자른다.

7 꽃봉오리는 왼쪽으로 철사를 구부린다.

8 은방울꽃은 오른쪽으로 철사를 구부려 입체감을 준다.

스위트피

「센과 치히로의 행방불명」 보신 적 있으신가요? 영화 속 주인공 치히로가 이사할 때
친구에게 선물 받았던, 바로 그 꽃이에요. 영화에 등장했던 카드까지 함께 꽃다발을 꾸민다면,
마치 영화 속 한 장면이 현실로 튀어나온 듯한 느낌을 받을 수 있답니다!

난이도
★★★★☆
화보 **024p**

준비물
- 원하는 색상의 뜨개실(스위트피 꽃 색상, 스위트피 꽃받침&잎사귀&줄기 색상-
  총 2가지 컬러, 두께 약 2.5mm의 밀키 코튼실 추천)
- 코바늘 4호(2.5mm)
- 철사(줄기-18호 1개, 꽃 고정-27호 2개)
- 가위
- 본드
- 돗바늘
- 니퍼
- 글루건
- 단수링 2개

뜨개 기법
매직링, 빼뜨기, 이랑빼뜨기, 사슬뜨기, 짧은뜨기, 한길긴뜨기, 두길긴뜨기 늘려뜨기,
세길긴뜨기, 세길긴뜨기 늘려뜨기, 네길긴뜨기 늘려뜨기

만드는 순서
1. 큰 꽃잎 3개를 뜬다.
2. 작은 꽃잎 3개를 뜬다.
3. 꽃받침 3개를 뜬다.
4. 큰 꽃잎과 작은 꽃잎을 글루건으로 고정한다.
5. 이어서 꽃받침을 고정한다.
6. 꽃잎과 꽃받침을 고정한 철사를 초록색 실로 감싼다.
7. 18호 철사로 차례차례 완성된 꽃을 고정한다.
8. 원하는 만큼 철사를 실로 감싼 뒤 끝부분을 본드로 고정한다.
9. 남은 철사는 니퍼로 잘라 마무리한다.

◆ 스위트피 큰 꽃잎(3개 만들기)

1단: 매직링 - 시작코 - 짧은뜨기 6코

2단: 기둥사슬 2코 - 한길긴뜨기 6코(첫 코 단수링)

3단 - 첫 코: (기둥사슬 4코, 세길긴뜨기 2코 늘려뜨기, 두길긴뜨기 2코 늘려뜨기)

3단 - 두 번째 코: 세길긴뜨기 4코 늘려뜨기

3단 - 세 번째 코: (네길긴뜨기 3코 늘려뜨기, 세길긴뜨기 1코)

3단 - 네 번째 코: (네길긴뜨기 2코 늘려뜨기, 세길긴뜨기 2코 늘려뜨기)

3단 - 다섯 번째 코&여섯 번째 코: (두길긴뜨기 2코 늘려뜨기, 세길긴뜨기 2코 늘려뜨기)

◆ 스위트피 작은 꽃잎(3개 만들기)

1단: 매직링 - 시작코 - 짧은뜨기 5코

2단: 기둥사슬 2코 - (27호 철사 ½ 준비) - 한길긴뜨기 5코(첫 코 단수링)

3단 - 첫 코: (기둥사슬 4코, 세길긴뜨기 2코 늘려뜨기, 두길긴뜨기 2코 늘려뜨기)

3단 - 두 번째 코: (세길긴뜨기 4코 늘려뜨기)

3단 - 세 번째 코: (네길긴뜨기 4코 늘려뜨기, 세길긴뜨기 1코)

3단 - 네 번째 코: (네길긴뜨기 2코 늘려뜨기, 세길긴뜨기 2코 늘려뜨기)

3단 - 다섯 번째 코: (두길긴뜨기 2코 늘려뜨기, 세길긴뜨기 2코 늘려뜨기)

◆ 스위트피 꽃받침(3개 만들기)

1단: 매직링 - 시작코 - 짧은뜨기 5코 - 빼뜨기

2단: {(사슬 2코 - 이랑빼뜨기) - 빼뜨기} * 5

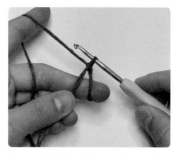

1 매직링을 만들어 시작코(사슬 1 코)를 뜬다.

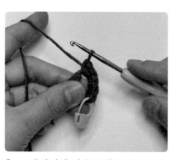

2 매직링에 짧은뜨기 6코를 뜬다.
[TIP] 첫 번째 짧은뜨기에 단수링 을 걸어 표시한다.

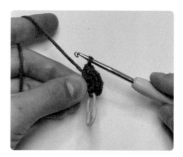

3 꼬리실을 당겨 편물을 조이고 빼뜨기는 생략한다.

4 편물을 왼쪽으로 뒤집는다.

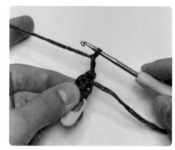

5 기둥사슬 2코를 올린다.

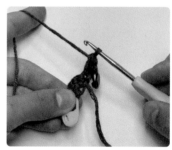

6 첫 코에 한길긴뜨기 1코를 뜨고 다른 컬러의 단수링을 걸어 표 시한다.

7 남은 코도 한길긴뜨기 1코를 쭉 뜬다. 2단은 총 6코가 된다.

8 다시 편물을 왼쪽으로 뒤집고 기둥사슬 4코를 올린다.

9 같은 코에 (세길긴뜨기 2코 늘 려뜨기, 두길긴뜨기 2코 늘려 뜨기)를 한다.

10 두 번째 코에 세길긴뜨기 4코 늘려뜨기를 한다.

11 세 번째 코에 (네길긴뜨기 3코 늘려뜨기, 세길긴뜨기 1코)를 뜬다.

12 네 번째 코에 (네길긴뜨기 2코 늘려뜨기, 세길긴뜨기 2코 늘려뜨기)를 한다.

13 다섯 번째 코에 (두길긴뜨기 2코 늘려뜨기, 세길긴뜨기 2코 늘려뜨기)를 한다.

14 단수링으로 걸어둔 여섯 번째 코에 (두길긴뜨기 2코 늘려뜨기, 세길긴뜨기 2코 늘려뜨기)를 한다. 실을 당겨 코에서 빼고 약 10cm 정도 남기고 자른다.

15 돗바늘에 꼬리실을 넣고, 사진과 같이 마지막 세길긴뜨기 기둥의 중심을 따라 돗바늘을 매직링 쪽으로 내려준다. 이후 실을 뺀다.

16 최대한 매직링 구멍쪽에서 두 꼬리실을 만나게 한다.

17 꼬리실끼리 매듭을 두어 번 묶은 뒤 최대한 짧게 자른다. 같은 방법으로 스위트피 큰 꽃잎을 3개 만든다.

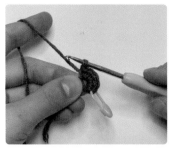

1 매직링을 만들어 시작코(사슬 1 코)를 뜬다. 매직링에 짧은뜨기 5코를 뜬다.
[TIP] 첫 번째 짧은뜨기에 단수링 을 걸어 표시한다.

2 꼬리실을 당겨 편물을 조이고 빼뜨기는 생략한다. 편물을 왼 쪽으로 뒤집고 기둥사슬 2코를 올린다.

3 첫 코에 한길긴뜨기 1코를 코바 늘에 세 줄이 걸리기 직전까지 뜬다.

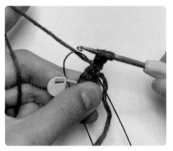

4 반으로 자른 27호 철사를 준비 한다. 반으로 접은 철사를 편물 과 실 사이에 얹는다.

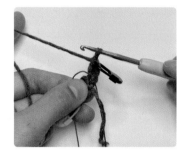

5 한길긴뜨기 1코를 완성하고 다 른 컬러의 단수링을 걸어 표시 한다.

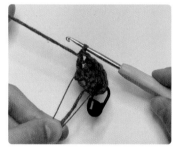

6 남은 코도 한길긴뜨기 1코를 쭉 뜬다. 2단은 총 5코가 된다.

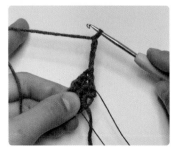

7 다시 편물을 왼쪽으로 뒤집고 기둥사슬 4코를 올린다.

8 첫 코에 (세길긴뜨기 2코 늘려 뜨기, 두길긴뜨기 2코 늘려뜨 기)를 한다.

9 두 번째 코에 세길긴뜨기 4코 늘려뜨기 한다.

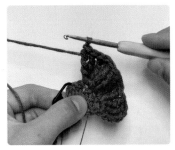

10 세 번째 코에 (네길긴뜨기 4코 늘려뜨기, 세길긴뜨기 1코)를 뜬다.

11 네 번째 코에 (네길긴뜨기 2코 늘려뜨기, 세길긴뜨기 2코 늘려뜨기)를 뜬다.

12 단수링을 걸어둔 다섯 번째 코에 (두길긴뜨기 2코 늘려뜨기, 세길긴뜨기 2코 늘려뜨기)를 뜬다. 실을 당겨 코에서 빼고 약 10cm 정도 남기고 자른다.

13 꼬리실끼리 매듭을 두어 번 짓고 최대한 짧게 자른다.

14 철사를 두어 번 꼬아준다. 같은 방법으로 스위트피 작은 꽃잎을 3개 만든다.

스위트피 꽃받침(3개 만들기)

1 매직링을 만들어 시작코(사슬 1코)를 뜬다.

2 매직링에 짧은뜨기 5코를 뜬다.
TIP 첫 번째 짧은뜨기에 단수링을 걸어 표시한다.

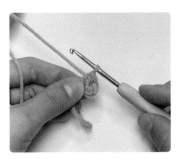

3 꼬리실을 당겨 편물을 조이고 빼뜨기를 한다.

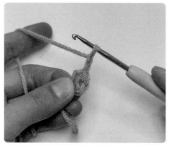

4 사슬 2코를 뜬다.

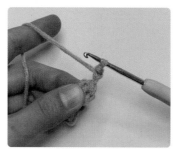

5 첫 번째 사슬에 이랑빼뜨기를 한다.

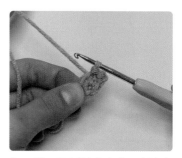

6 옆 코로 넘어가서 빼뜨기 한다.

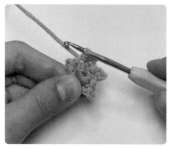

7 4~6번을 4번 더 반복하고 실을 당겨 코에서 뺀다. 실을 약 6cm 가량 남기고 자른다.

8 돗바늘로 꼬리실을 빼뜨기를 했던 코에 넣는다.

9 편물을 뒤집어 매직링 꼬리실이 있는 쪽으로 꼬리실을 정리한다.

10 꼬리실끼리 매듭을 두어 번 짓고 최대한 짧게 자른다.

11 다시 편물을 뒤집는다. 같은 방법으로 스위트피 꽃받침을 3개 만든다.

1 조합하기 전 꽃잎의 앞뒤를 잘 구분한다. 쫙 폈을때 사진과 같이 사슬이 잘 보이는 쪽이 꽃잎의 앞면이다.

2 작은 꽃잎의 뒷면에서 시작한다. 사진과 같이 오른쪽부터 글루건을 적당히 바른다.

3 바로 돌돌 말아준다.

4 이어서 가운데 부분에 글루건을 발라 돌돌 말아준다.

5 마지막으로 아래 부분에 글루건을 바르고 돌돌 말아준다.

6 작은 꽃잎이 고정되었다. 사진과 같이 꽃잎 방향을 잘 기억한다.

7 큰 꽃잎 역시 뒷면에서 시작한다. 가운데 부분에 글루건을 바른다.

8 6번에서 먼저 만든 작은 꽃잎을 뒤집어 큰 꽃잎과 고정한다.

9 이어서 오른쪽에 글루건을 바르고 돌돌 말아준다.

10 마지막으로 왼쪽에 글루건을 바르고 돌돌 말아준다.

11 작은 꽃잎과 큰 꽃잎이 고정되었다.

12 꽃받침을 스위트피 아래쪽으로 끼워 넣고 글루건으로 고정한다.

13 어느 한쪽이 떨어지지 않도록 꼼꼼하게 글루건 처리한다.

14 나머지 스위트피 2개를 동일하게 조합한다.

15 꽃받침 실로 꽃 밑부분부터 철사를 감싼다.

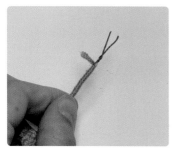

16 3~4cm정도 철사가 남기고 사이로 실을 넣고 철사를 두어 번 꼬아 고정한다. 꼬리실을 짧게 자른다.

17 꽃받침 실로 스위트피와 18호 철사 위쪽을 감싸며 고정한다.
TIP 힘을 실어 철사를 감싸야 안정적으로 고정된다.

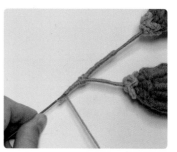

18 이어서 두 번째 스위트피도 고정한다.

19 이번엔 반대 방향으로 스위트
피를 고정한다.

20 원하는 줄기 길이 만큼 철사를
실로 감싸고 꼬리실 끝부분은
잘라 본드로 철사에 고정한다.
니퍼로 남은 철사를 자른다.

카네이션

5월 가정의 달에 빠질 수 없는 꽃, 카네이션! 클래식하고 강렬한 분위기를 원한다면
레드 색상을, 따뜻하고 사랑스러운 느낌을 원한다면 핑크 색상을 선택해 보세요.
정성껏 만들어 선물하면 받는 이의 하루가 행복으로 가득 채워질 거예요.

난이도
★★★★☆
화보 **026p**

준비물
- 원하는 색상의 뜨개실(카네이션 꽃 색상, 카네이션 꽃받침&잎사귀&줄기 색상-
  총 2가지 컬러, 두께 약 2.5mm의 밀키 코튼실 추천)
- 코바늘 4호(2.5mm)
- 철사(줄기-18호 1개, 잎사귀-27호 1개)
- 가위
- 니퍼
- 글루건
- 단수링 1개
- 펜치
- 본드
- 돗바늘

뜨개 기법
매직링, 빼뜨기, 사슬뜨기, 짧은뜨기, 짧은뜨기 늘려뜨기, 긴뜨기, 한길긴뜨기,
한길긴뜨기 늘려뜨기

만드는 순서
1. 카네이션 꽃받침 1개를 뜬다.
2. 이어서 꽃잎을 뜬다.
3. 18호 철사를 꽃받침쪽에 글루건으로 고정한다.
4. 꽃받침의 빈 공간은 같은 색상의 실로 채운다.
5. 꽃 모양이 잡힐 수 있도록 바느질한다.
6. 카네이션 잎사귀 1개를 뜬다.
7. 꽃잎과 꽃받침을 고정한 철사를 초록색 실로 감싼다.
8. 이어서 잎사귀를 철사로 고정한다.
9. 원하는 만큼 철사를 실로 감싼 뒤 끝부분을 본드로 고정한다.
10. 남은 철사는 니퍼로 잘라 마무리한다.

◆ **카네이션 꽃받침&꽃잎(1개 만들기)**

[꽃받침]

1단(총 5코): 매직링 - 시작코 - 짧은뜨기 5코 - 빼뜨기

2단(총 10코): 기둥사슬 3코 - (한길긴뜨기 2코 늘려뜨기)*5(첫 코 단수링) - 빼뜨기

3단(총 10코): 기둥사슬 3코 - (한길긴뜨기 1코)*10(첫 코 단수링) - 빼뜨기

4단(총 20코): 기둥사슬 3코 - (한길긴뜨기 2코 늘려뜨기)*10(첫 코 단수링) - 빼뜨기

[꽃잎]

5단(총 50코): 기둥사슬 3코 - (한길긴뜨기 2코 늘려뜨기 - 한길긴뜨기 3코 늘려뜨기)*20(첫 코 단수링) - 빼뜨기

6단(총 100코): 기둥사슬 3코 - (한길긴뜨기 2코 늘려뜨기)*50(첫 코 단수링) - 빼뜨기

7단: 기둥사슬 3코 - (짧은뜨기 1코 - 사슬 2코)*100 - 빼뜨기

◆ **카네이션 잎사귀(1개 만들기)**

1-1단: 시작코 - 사슬 20코 - (27호 철사 준비) - 짧은뜨기 2코(첫 코 단수링) - 긴뜨기 2코 - 한길긴뜨기 11코 - 긴뜨기 2코 - 짧은뜨기 1코 - 짧은뜨기 3코 늘려뜨기 - 사슬 1코

1-2단: 짧은뜨기 1코 - 긴뜨기 2코 - 한길긴뜨기 11코 - 긴뜨기 2코 - 짧은뜨기 2코 - 빼뜨기

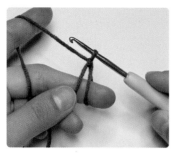

1 매직링을 만들어 시작코(사슬 1
코)를 뜬다.

2 매직링에 짧은뜨기 5코를 뜬다.
[TIP] 첫 번째 짧은뜨기에 단수링
을 걸어 표시한다.

3 꼬리실을 당겨 편물을 조이고
빼뜨기를 한다.

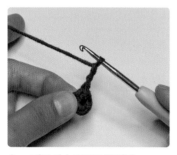

4 기둥사슬 3코를 올린다.

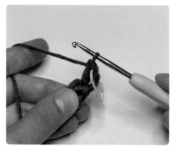

5 첫 코에 한길긴뜨기를 뜨고 단
수링을 걸어 표시한다.

6 이어서 동일한 코에 한길긴뜨
기를 더 뜬다.

7 2단은 사슬 1개당 한길긴뜨기
2코 늘려뜨기 한다. 총 10코가
된다.

8 단수링을 걸어둔 코에 빼뜨기
를 한다.

9 기둥사슬 3코를 올린다.

10 3단은 늘림 없이 한길긴뜨기 10코를 뜬다.

11 단수링을 걸어둔 코에 빼뜨기를 한다.

12 기둥사슬 3코를 올린다.

13 4단은 사슬 1개당 한길긴뜨기 2코 늘려뜨기를 한다. 총 20코가 된다.

14 단수링을 걸어둔 코에 빼뜨기를 하고 실을 당겨 코에서 뺀다. 실을 약 10cm 정도 남기고 자른다.

15 돗바늘에 꼬리실을 끼운 뒤 빼뜨기를 했던 코에 넣어 통과한다.

16 편물을 뒤집어 매직링 꼬리실이 있는 쪽으로 꼬리실을 정리한다.

17 꼬리실끼리 매듭을 두어 번 짓고 짧게 자른 뒤 다시 편물을 뒤집는다.

18 사슬은 총 20코가 되어야 한다. 빼뜨기 한 부분이 헷갈린다면 빼뜨기한 부분, 그리고 양옆을 단수링을 걸어 미리 표기한다.

1 꽃받침 아무 사슬에 코바늘을 넣어 꽃 색상의 실을 건다.

2 사슬 안쪽으로 실을 끌어온다.

3 꽃받침과 이어서 5단을 시작한다. 기둥사슬 3코를 올린다.

4 같은 코에 한길긴뜨기를 뜨고 단수링을 걸어 표시한다.
TIP 꼬리실은 코바늘 위에 얹어 함께 뜬다.

5 같은 코에 한길긴뜨기를 더 뜬다. 총 한길긴뜨기 2코가 된다.

6 옆 코로 넘어가서 같은 코에 한길긴뜨기 3코 늘려뜨기를 한다.

7 이렇게 5단은 [한길긴뜨기 2코 늘려뜨기 - 한길긴뜨기 3코 늘려뜨기]를 19번 더 반복한다.

8 단수링을 걸어둔 코에 빼뜨기를 한다.

9 기둥사슬 3코를 올린다.

10 같은 코에 한길긴뜨기를 뜨고 단수링을 걸어 표시한다.

11 같은 코에 한길긴뜨기를 더 뜬다. 총 한길긴뜨기 2코가 된다.

12 6단은 한길긴뜨기 2코 늘려뜨기를 49번 더 반복한다.

13 단수링을 걸어둔 코에 빼뜨기를 한다.

14 기둥사슬 3코를 올린다.

15 옆 코로 넘어가서 짧은뜨기 1코를 뜬다.

16 사슬 2코를 뜬다.

17 옆 코로 넘어가서 짧은뜨기 1코를 뜬다. 이렇게 7단은 [짧은뜨기 1코 - 사슬 2코]를 99번 더 반복한다.

18 마지막 코에서 사슬 2코까지 완성되었다.

19 옆 코로 넘어가 빼뜨기하고 실을 당겨 코에서 뺀다. 실을 약 20~25cm 정도 남기고 정도 자른다.

20 돗바늘로 꼬리실을 빼뜨기한 곳으로 넣는다.

21 편물을 뒤집어 꽃받침이 시작되는 사슬까지 바느질한다. 돗바늘을 어느 쪽에 넣어도 상관없다.

22 꽃받침 색상의 실을 꽃받침 안에 넉넉히 채운다.

23 18호 초록색 철사 끝부분에 펜치를 활용하여 고리를 만든다.

24 고리 반대편 철사를 꽃받침 매직링 중간 구멍에 넣는다.
TIP 제대로 잘 들어갔는지 꼭 확인한다.

25 고리에 글루건을 듬뿍 바른다.

26 그대로 꽃받침 안으로 넣어 미리 넣어준 실과 고정한다. 글루건이 부족하다면 꽃받침 안쪽에 추가로 바른다.

27 카네이션 꼬리실을 돗바늘로 사진과 같이 정리한다.
TIP 정확할 필요는 없지만 중간 중간 한 칸씩 띄우며 바느질 하는 게 좋다.

28 이후 돗바늘을 꽃 바깥으로 보내고, 꼬리실을 당겨 꽃을 조인다.

29 남은 꼬리실은 카네이션 모양을 잡아가며 바느질한다.

30 꽃을 펼쳤을 때 꽃받침이 보이지 않도록 앞뒤 양옆을 왔다갔다하며 바느질한다.

31 바느질이 끝나면 꽃받침의 가장 아래쪽으로 돗바늘을 넣고 꼬리실을 짧게 자른다.

32 카네이션 모양을 잡는다.

------------------------- **카네이션 잎사귀(1개 만들기)** -------------------------

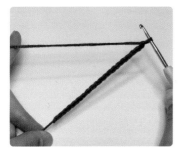

1 시작코(사슬 1코)를 만들고 사슬 20코를 뜬다.

2 바로 옆 사슬에 짧은뜨기 1코를 완성 직전까지 뜬다.

3 27호 철사를 반으로 접어 철사를 편물과 실 사이에 얹는다.

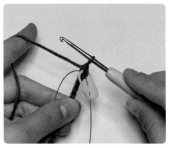

4 짧은뜨기 1코를 완성한 뒤 단수
링을 건다.

5 이어서 [짧은뜨기 1코 - 긴뜨기
2코 - 한길긴뜨기 11코 - 긴뜨기
2코 - 짧은뜨기 1코]를 뜬다.

6 옆 코로 넘어가서 짧은뜨기 3
코 늘려뜨기를 한다.

7 사슬 1코를 뜬다.

8 꼬리실을 당기면 큰 구멍이 나
온다. 해당 구멍의 바로 왼쪽
사슬부터 시작한다.

9 짧은뜨기 1코를 뜬다.
TIP 꼬리실은 코바늘 위에 얹어
함께 뜬다.

10 이어서 [긴뜨기 2코 - 한길긴뜨
기 11코 - 긴뜨기 2코 - 짧은뜨기
2코]를 뜬다.

11 단수링을 걸어둔 코에 빼뜨기
를 하고 실을 당겨 코에서 뺀다.
실을 약 5cm 정도 남기고 자른
다.

12 철사를 5~6번 꼬아 남은 꼬리
실로 감싼다. 꼬리실을 철사 사
이로 넣고 다시 두어 번 꼬아
고정한다.

1 꽃받침&잎사귀를 실로 꽃 밑부분부터 철사를 감싼다.

2 이어서 잎사귀를 감싼다.
[TIP] 힘을 실어 철사를 감싸주어야 안정적으로 고정된다.

3 원하는 줄기 길이 만큼 철사를 실로 감싸고 꼬리실 끝부분은 잘라 철사에 본드로 고정한다. 니퍼로 남은 철사를 자른다.

해바라기

뜨개 꽃으로 표현했을 때 가장 사랑스럽다고 손꼽히는 꽃, 해바라기입니다!
동글동글한 꽃잎이 실제 해바라기보다 한층 더 귀엽고 귀여운 매력을 선사해요.
한 송이만 만들어도 완벽한 꽃다발이 완성돼요!

난이도
★★★☆☆
화보 028p

준비물
- 원하는 색상의 뜨개실(해바라기 꽃 색상, 해바라기 몸통 앞면 색상, 잎사귀&줄기 색상-총 3가지 컬러, 두께 약 2mm의 마카롱실 추천)
- 코바늘 5호(3.0mm)
- 철사(줄기-18호 초록색 1개, 꽃받침&잎사귀-27호 초록색 1개)
- 솜
- 펜치
- 본드
- 돗바늘
- 가위
- 니퍼
- 글루건
- 단수링 4개

뜨개 기법
매직링, 빼뜨기, 사슬뜨기, 짧은뜨기, 짧은뜨기 늘려뜨기, 긴뜨기, 한길긴뜨기, 두길긴뜨기, 세길긴뜨기, 네길긴뜨기

만드는 순서
1. 해바라기 몸통 앞면, 뒷면 각 1개씩 뜬다.
2. 해바라기 뒷면 철사 가리개를 1개 뜬다.
3. 몸통의 앞면과 뒷면을 함께 이어가며 해바라기 꽃을 완성한다.
4. 해바라기 잎사귀 1개를 뜬다.
5. 18호 철사를 해바라기에 고정한다.
6. 해바라기 뒷면에 보이는 철사는 글루건을 활용하여 가리개용 편물로 가린다.
7. 잎사귀 실로 철사를 감싼다.
8. 이어서 잎사귀를 철사에 고정한다.
9. 원하는 만큼 철사를 실로 감싼 뒤 끝부분을 본드로 고정한다.
10. 남은 철사는 니퍼로 잘라 마무리한다.

◆ 해바라기 몸통 앞면&뒷면(2개 만들기)

1단(총 6코): 매직링 – 시작코 – 짧은뜨기 6코(첫 코 단수링) – 빼뜨기

2단(총 12코): 기둥사슬 1코 – (짧은뜨기 2코 늘려뜨기)*6(첫 코 단수링) – 빼뜨기

3단(총 18코): 기둥사슬 1코 – (짧은뜨기 1코 – 짧은뜨기 2코 늘려뜨기)*6(첫 코 단수링) – 빼뜨기

4단(총 24코): 기둥사슬 1코 – (짧은뜨기 2코 – 짧은뜨기 2코 늘려뜨기)*6(첫 코 단수링) – 빼뜨기

5단(총 30코): 기둥사슬 1코 – (짧은뜨기 3코 – 짧은뜨기 2코 늘려뜨기)*6(첫 코 단수링) – 빼뜨기

6단(총 36코): 기둥사슬 1코 – (짧은뜨기 2코 – 짧은뜨기 2코 늘려뜨기 – 짧은뜨기 2코)*6(첫 코 단수링) – 빼뜨기

◆ 해바라기 뒷면 철사 가리개(1개 만들기)

1단(총 6코): 매직링 – 시작코 – 짧은뜨기 6코(첫 코 단수링) – 빼뜨기

2단(총 12코): 기둥사슬 1코 – (짧은뜨기 2코 늘려뜨기)*6(첫 코 단수링) – 빼뜨기

TIP 뒷면과 동일한 갈색으로 만든다.

◆ 해바라기 꽃(1개 만들기)

1단: {(기둥사슬 1코, 짧은뜨기 1코, 두길긴뜨기 1코) – (세길긴뜨기 1코, 네길긴뜨기 1코, 세길긴뜨기 1코) – (두길긴뜨기 1코, 짧은뜨기 1코) – 빼뜨기}*12(다음 코 이동하지 않고 바로 시작)

◆ 해바라기 잎사귀(1개 만들기)

1-1단: 시작코 – 사슬 14코 – 짧은뜨기 1코(첫 코 단수링) – 긴뜨기 1코 – 한길긴뜨기 2코 – 두길긴뜨기 3코 – 한길긴뜨기 2코 – 긴뜨기 2코 – 짧은뜨기 2코

1-2단: 짧은뜨기 1코 – 긴뜨기 2코 – 한길긴뜨기 2코 – 두길긴뜨기 3코 – 한길긴뜨기 2코 – 긴뜨기 1코 – 짧은뜨기 1코 – 빼뜨기

2-1단: (27호 철사 ½ 준비) – 짧은뜨기 13코(첫 코 단수링) – 사슬 3코

2-2단: 짧은뜨기 12코 – 빼뜨기

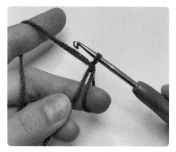

1 매직링을 만들어 시작코(사슬 1 코)를 뜬다.

2 매직링에 짧은뜨기 6코를 뜬다.
[TIP] 첫 번째 짧은뜨기에 단수링 을 걸어 표시한다.

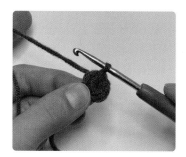

3 꼬리실을 당겨 편물을 조이고 빼뜨기를 한다.

4 2단은 사슬 1개당 짧은뜨기 2코 늘려뜨기를 총 6번 반복한다. 빼뜨기까지 완료하면 총 12코 가 된다.
[TIP] 2~6단을 시작할 때 기둥사슬 1코는 필수로 세운다.

5 3단은 [짧은뜨기 1코 - 짧은뜨기 2코 늘려뜨기]를 총 6번 반복한 다. 빼뜨기까지 완료하면 총 18 코가 된다.

6 4단은 [짧은뜨기 2코 - 짧은뜨 기 2코 늘려뜨기]를 총 6번 반 복한다. 빼뜨기까지 완료하면 총 24코가 된다.

7 5단은 [짧은뜨기 3코 - 짧은뜨 기 2코 늘려뜨기] 총 6번 반복 한다. 빼뜨기까지 완료하면 총 30코가 된다.

8 6단은 [짧은뜨기 2코 - 짧은뜨기 2코 늘려뜨기 - 짧은뜨기 2코]를 총 6번 반복한다. 빼뜨기까지 완료하면 총 36코가 된다. 실을 당겨 코에서 빼고 약 7cm 정도 남기고 자른다.

9 돗바늘에 꼬리실을 끼운 뒤 빼 뜨기를 했던 코에 넣어 통과한 다.

10 편물을 뒤집어 매직링 꼬리실 이 있는 쪽으로 꼬리실을 정리 한다. 어느쪽에 돗바늘을 넣든 상관없다.

11 꼬리실끼리 매듭을 두어 번 짓 고 짧게 자른다.

12 같은 방법으로 해바라기 몸통 을 2개 만든다.
TIP 빼뜨기한 공간이 헷갈린다면 양옆을 단수링으로 표시한다.

해바라기 뒷면 철사 가리개(1개 만들기)

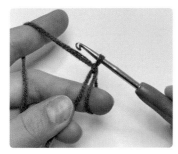

1 매직링을 만들어 시작코(사슬 1 코)를 뜬다.

2 매직링에 짧은뜨기 6코를 뜬 다. 꼬리실을 당겨 편물을 조이 고 빼뜨기를 한다.

3 2단은 기둥사슬 1코를 올리고, 짧은뜨기 2코 늘려뜨기를 총 6 번 반복한다. 빼뜨기까지 완료 하면 총 12코가 된다.

4 실을 당겨 코에서 빼고 약 7cm 정도 남기고 자른다.

5 돗바늘에 꼬리실을 끼운 뒤 빼 뜨기를 했던 코에 넣어 통과한 다.

6 해바라기 몸통 10~12번 과정과 동일하게 진행한다.

1 해바라기 몸통 앞면과 뒷면을 겹쳐 시작한다. 어느 곳에서 시작하든 상관없다.

2 앞면, 뒷면 사슬에 코바늘을 넣어 해바라기 꽃 색상의 실을 끌어온다.

3 고리에 코바늘이 걸린 것을 확인한다.

4 기둥사슬 1코를 올린다.

5 같은 코에 짧은뜨기를 뜨기 직전 꼬리실은 돗바늘 위에 올린다.

6 짧은뜨기 1코를 뜬다.

7 같은 코에 두길긴뜨기 1코를 뜬다.
[TIP] 꼬리실은 계속 코바늘 위에 얹어 함께 뜬다.

8 옆 코로 넘어가서 같은 코에 (세길긴뜨기 1코, 네길긴뜨기 1코, 세길긴뜨기 1코)를 뜬다.

9 옆 코로 넘어가서 같은 코에 (두길긴뜨기 1코, 짧은뜨기 1코)를 뜬다. 첫번째 꽃잎이 완성되었다.

10 옆 코로 넘어가서 빼뜨기를 한
다.

TIP 남은 꼬리실은 편물 안에 넣
는다.

11 4~10번 과정을 11번 더 반복한
다.

TIP 해바라기는 반복 구간에서
다음 코로 이동하지 않는다. 즉, 마
지막 빼뜨기한 코에서 바로 반복
구간을 시작한다.

12 꽃잎을 9개 정도 만들고 해바
라기 안에 솜을 넉넉히 채운다.

13 마지막 코에 짧은뜨기까지 끝
낸다.

14 옆 코로 넘어가 마지막 빼뜨기
를 한다.

15 실을 당겨 코에서 빼고 약 10cm
정도 남기고 자른 뒤 돗바늘을
이용해 빼뜨기 했던 코에 넣는
다.

16 편물을 뒤집고 사진과 같이 꼬
리실을 정리하고 남은 꼬리실
은 보이지 않게 짧게 자른다.

17 편물을 뒤집어 해바라기 꽃잎
을 정리한다.

1 시작코(사슬 1코)를 만들고 사슬 14코를 뜬다.

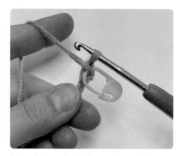

2 첫 코에 짧은뜨기 1코를 뜨고 단수링을 건다.

3 이어서 [긴뜨기 1코-한길긴뜨기 2코-두길긴뜨기 3코-한길긴뜨기 2코-긴뜨기 2코-짧은뜨기 2코]를 뜬다.

4 꼬리실을 당기면 큰 구멍이 나온다. 해당 구멍의 바로 왼쪽 사슬부터 시작한다.

5 이어서 [짧은뜨기 1코-긴뜨기 2코-한길긴뜨기 2코-두길긴뜨기 3코-한길긴뜨기 2코-긴뜨기 1코-짧은뜨기 1코)를 뜬다.

6 단수링을 걸어둔 코에 빼뜨기를 한다.

7 빼뜨기 했던 코에 짧은뜨기 1코를 완성 직전까지 뜬다.

8 반으로 자른 27호 철사를 준비한다. 철사를 반으로 접어 편물과 실 사이에 얹는다.

9 짧은뜨기 1코를 완성하고 단수링을 건다.

11 이어서 짧은뜨기 12코를 뜨고 사슬 3코를 뜬다.

13 이어서 짧은뜨기 12코를 뜬다.

14 단수링을 걸어둔 코에 빼뜨기를 하고 실을 당겨 코에서 뺀다. 실을 약 10cm 정도 남기고 자른다.

15 철사를 5~6번 꼬아준다.

16 사진과 같이 잎사귀가 입체적으로 보일 수 있도록 모양을 잡는다.

17 남은 꼬리실로 꼬아준 철사를 감싸고, 그 사이로 꼬리실을 넣는다.

18 다시 철사를 두어 번 꼬아 꼬리실을 고정하고, 꼬리실을 짧게 자른다.

1 18호 철사 끝부분에 펜치를 활용해 고리를 만든다.

2 해바라기 뒷면 매직링에 고리를 넣는다.

3 글루건으로 철사 주변을 바른다.

4 철사 가리개용 편물을 고정한다. 철사가 움직이지 않도록 꼼꼼하게 글루건을 바른다.

5 잎사귀 실로 꽃받침 밑부분부터 철사를 감싼다.

6 이어서 잎사귀를 감싼다.
　TIP　힘을 실어 철사를 감싸야 안정적으로 고정된다.

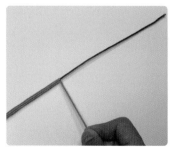

7 원하는 줄기 길이만큼 철사를 실로 감싸고 꼬리실 끝부분은 잘라 철사에 본드를 고정한다. 니퍼로 남은 철사를 자른다.

153

백합

큰직한 흰 꽃잎이 어우러져 우아한 백합이 탄생했어요. 다른 뜨개 꽃보다
크고 화려해 단 한 송이로도 아주 풍성하고 고급스러운 분위기를 연출할 수 있답니다.
크라프트지 한 장과 마끈으로 간단히 묶어주면 완벽한 꽃다발이 완성될 거예요!

난이도
★★★★☆
화보 **030p**

준비물
- 원하는 색상의 뜨개실(백합 꽃 색상, 백합 꽃술 윗부분 색상, 꽃술 아랫부분&잎사귀&
  줄기 색상-총 3가지 컬러, 두께 약 2.5mm의 밀키 코튼실 추천)
- 코바늘 4호(2.5mm)
- 철사(줄기- 18호 1개, 꽃잎-27호 6개, 꽃술-27호 3개, 잎사귀-27호 1개)
- 가위
- 니퍼
- 본드
- 단수링 1개

뜨개 기법
빼뜨기, 이랑빼뜨기, 사슬뜨기, 짧은뜨기, 짧은뜨기 늘려뜨기, 긴뜨기, 긴뜨기 늘려뜨기,
한길긴뜨기, 한길긴뜨기 늘려뜨기, 두길긴뜨기

만드는 순서
1. 백합 꽃잎 6개를 뜬다.
2. 27호 철사를 반으로 잘라 철사 가운데 부분에 꽃술을 5개 만든다.
3. 백합 잎사귀 1개를 뜬다.
4. 18호 철사에 꽃술을 한꺼번에 고정한다.
5. 이어서 백합 꽃잎을 고정한다.
6. 이어서 백합 밑부분에 잎사귀를 고정한다.
7. 원하는 만큼 철사를 실로 감싼 뒤 끝부분을 본드로 고정한다.
8. 남은 철사는 니퍼로 잘라 마무리한다.
TIP 코를 촘촘하게 떠야 구멍이 크게 생기지 않아요. 느슨하게 뜨면 구멍이 숭숭 뚫려 형태가 덜
예뻐 보일 수 있습니다.

◆ 백합 꽃잎(6개 만들기)

1-1단: 시작코 – 사슬 16코 – (27호 철사 준비) – 짧은뜨기 2코(첫 코 단수링) – 긴뜨기 3코 – 한길긴뜨기 4코 – 긴뜨기 3코 – 짧은뜨기 2코 – 짧은뜨기 3코 늘려뜨기

1-2단: 짧은뜨기 2코 – 긴뜨기 3코 – 한길긴뜨기 4코 – 긴뜨기 3코 – 짧은뜨기 2코 – 빼뜨기

2-1단: 짧은뜨기 2코(첫 코 단수링) – 긴뜨기 3코 – (한길긴뜨기 2코 늘려뜨기)＊4 – (긴뜨기 2코 늘려뜨기)＊3 – (짧은뜨기 2코 늘려뜨기)＊3 – (사슬 2코 – 이랑빼뜨기)

2-2단: (짧은뜨기 2코 늘려뜨기)＊3 – (긴뜨기 2코 늘려뜨기)＊3 – (한길긴뜨기 2코 늘려뜨기)＊4 – 긴뜨기 2코 늘려뜨기 – 긴뜨기 3코 – 짧은뜨기 2코 – 빼뜨기

◆ 백합 잎사귀(1개 만들기)

1-1단: 시작코 – 사슬 30코 – (27호 철사 준비) – 짧은뜨기 3코(첫 코 단수링) – 긴뜨기 3코 – 한길긴뜨기 6코 – 두길긴뜨기 6코 – 한길긴뜨기 5코 – 긴뜨기 3코 – 짧은뜨기 3코

1-2단: 짧은뜨기 3코 – 긴뜨기 3코 – 한길긴뜨기 5코 – 두길긴뜨기 6코 – 한길긴뜨기 5코 – 긴뜨기 3코 – 짧은뜨기 3코 – 빼뜨기

백합 꽃잎(6개 만들기)

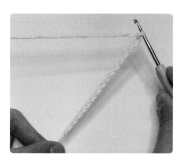

1 시작코(사슬 1코)를 만들고 사슬 16코를 뜬다.

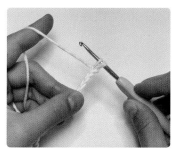

2 바로 옆 사슬에 짧은뜨기 1코를 완성 직전까지 뜬다.

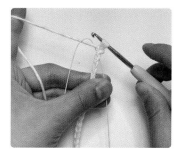

3 27호 철사를 반으로 접어 편물과 실 사이에 얹는다.

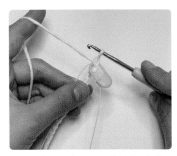

4 짧은뜨기 1코를 완성한 뒤 단수링을 건다.

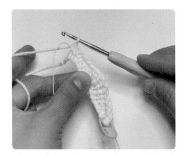

5 이어서 [짧은뜨기 1코 - 긴뜨기 3코 - 한길긴뜨기 4코 - 긴뜨기 3코 - 짧은뜨기 2코]를 뜬다.

6 마지막 코에 짧은뜨기 3코 늘려뜨기를 한다.

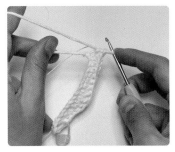

7 꼬리실을 당기면 큰 구멍이 나온다. 해당 구멍의 바로 왼쪽 사슬부터 시작한다.

8 이어서 [짧은뜨기 2코 - 긴뜨기 3코 - 한길긴뜨기 4코 - 긴뜨기 3코 - 짧은뜨기 2코]를 뜬다.

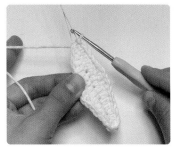

9 단수링을 걸어둔 코에 빼뜨기를 한다.

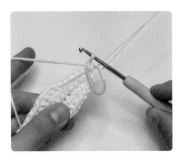

10 빼뜨기했던 코에 짧은뜨기 1코를 뜨고 단수링을 건다.

11 이어서 [짧은뜨기 1코 - 긴뜨기 3코 - (한길긴뜨기 2코 늘려뜨기)*4 - (긴뜨기 2코 늘려뜨기)*3 - (짧은뜨기 2코 늘려뜨기)*3]를 뜬다.

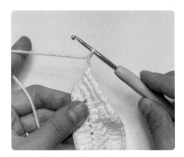

12 사슬 2코를 뜬다.

13 사슬 첫 코에 이랑빼뜨기를 한다.

14 이어서 [(짧은뜨기 2코 늘려뜨기)＊3-(긴뜨기 2코 늘려뜨기)＊3-(한길긴뜨기 2코 늘려뜨기)＊4-긴뜨기 2코 늘려뜨기-긴뜨기 3코-짧은뜨기 2코]를 뜬다.

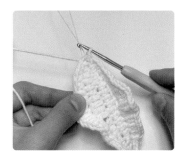

15 단수링을 걸어둔 코에 빼뜨기를 하고 실을 당겨 코에서 뺀다. 실을 약 5cm 정도 남기고 자른다.

16 철사를 두어 번 꼬아준 뒤 그 사이로 꼬리실을 넣는다.

17 다시 철사를 두어 번 꼬아 고정하고 꼬리실을 짧게 자른다. 같은 방법으로 백합 꽃잎을 6개 만든다.

--- **백합 꽃술(5개 만들기)** ---

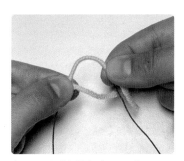

1 27호 철사를 반으로 자르고 노란실을 약 3.5cm 정도 철사 가운데 부분을 감싼다.

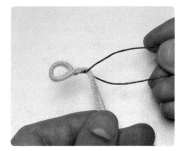

2 철사를 두어 번 꼬아 그 사이로 꼬리실을 끼워넣는다.

3 다시 철사를 두어 번 꼬아 고정한다.

4 잎사귀 실로 꽃술 밑부분부터 철사와 노란실을 감싸고 2~3cm 정도 철사가 남은 상태에서 철사 사이로 실을 넣는다.

5 그대로 철사를 두어 번 꼬아 고정하고, 꼬리실을 바짝 자른다. 같은 방법으로 백합 꽃잎을 5개 만든다.

백합 잎사귀(1개 만들기)

1 시작코(사슬 1코)를 만들고 사슬 30코를 뜬다.

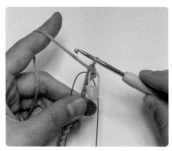

2 백합 꽃잎 2~4번 과정을 참고하여 짧은뜨기 1코를 뜬다.

3 이어서 [짧은뜨기 2코-긴뜨기 3코-한길긴뜨기 6코-두길긴뜨기 6코-한길긴뜨기 5코-긴뜨기 3코-짧은뜨기 3코]를 뜬다.
TIP 마무리까지 쭉 철사를 안고 뜬다.

4 꼬리실을 당기면 큰 구멍이 나온다. 해당 구멍의 바로 왼쪽 사슬부터 시작한다.

5 이어서 [짧은뜨기 3코-긴뜨기 3코-한길긴뜨기 5코-두길긴뜨기 6코-한길긴뜨기 5코-긴뜨기 3코-짧은뜨기 3코]를 뜬다.
TIP 꼬리실은 코바늘 위에 얹어 함께 뜬다.

6 단수링을 걸어둔 코에 빼뜨기를 하고 실을 당겨 코에서 뺀다. 실을 약 10cm 정도 남기고 자른다.

8 철사를 5~6번 꼬아 남은 꼬리
실로 감싼다. 꼬리실을 철사 사
이로 넣고 다시 두어 번 꼬아
고정한다. 꼬리실을 짧게 자른
다.

백합 조합하기

1 잎사귀 실로 꽃술 5개를 한꺼
번에 18호 철사와 함께 고정한
다. 꽃술 끝부분이 아닌 가운데
쯤부터 고정한다.

2 백합 꽃잎 1개를 꽃술과 함께
고정한다.

3 이어서 차례차례 꽃잎을 추가
하며 고정한다.
[TIP] 위에서 봤을때 꽃잎이 모두
풍성하게 보일 수 있도록 배치한
다.

5 잎사귀를 적절한 위치에 철사
와 함께 고정한다.

6 원하는 줄기 길이만큼 철사를
실로 감싼다. 꼬리실 끝부분은
잘라 철사에 본드를 고정한다.
니퍼로 남은 철사를 자른다.

7 정면에서 꽃과 꽃술이 잘 보일
수 있도록 철사를 구부리고 마
무리한다.

퐁퐁국화

퐁실퐁실한 매력이 돋보이는 퐁퐁국화! 사랑스러운 느낌이 가득해서
유치원생이나 초등학교 졸업식에 자주 등장하는 꽃이에요.
각각 다른 색상과 아이가 좋아하는 초콜릿이나 사탕을 함께 꾸미면
인기 만점의 특별한 꽃다발이 완성된답니다.

난이도
★★☆☆☆
화보 032p

준비물
- 원하는 색상의 뜨개실(퐁퐁국화 꽃 색상, 잎사귀&줄기 색상-총 2가지 컬러,
  두께 약 2.5mm의 밀키 코튼실 추천)
- 코바늘 5호(3.0mm)
- 철사(줄기-18호 1개, 꽃 고정&잎사귀 27호 2개)
- 가위
- 니퍼
- 본드
- 돗바늘
- 단수링 1개

뜨개 기법
빼뜨기, 이랑빼뜨기, 사슬뜨기, 짧은뜨기, 짧은뜨기 늘려뜨기, 짧은뜨기 줄여뜨기,
한길긴뜨기

만드는 순서
1. 퐁퐁국화 꽃 1개를 만든다.
2. 퐁퐁국화 잎사귀 1개를 뜬다.
3. 18호 철사에 퐁퐁국화를 고정한다.
4. 이어서 퐁퐁국화 밑부분에 잎사귀를 고정한다.
5. 원하는 만큼 철사를 실로 감싼 뒤 끝부분을 본드로 고정한다.
6. 남은 철사는 니퍼로 잘라 마무리한다.

◆ 퐁퐁국화 잎사귀(1개 만들기)

1-1단: 시작코 - 사슬 12코(마지막 코 단수링) - 기둥사슬 3코 - (27호 철사 ½ 준비) - 한길긴뜨기 6코(첫 코 단수링) - 짧은뜨기 5코 - 짧은뜨기 3코 늘려뜨기

1-2단: 짧은뜨기 5코 - 한길긴뜨기 6코 - 빼뜨기

2-1단: (짧은뜨기 2코(첫 코 단수링) - 짧은뜨기 2코 줄여뜨기 - 사슬 3코 - 마지막 줄여뜨기 코에 빼뜨기)*3 - (짧은뜨기 1코 - 사슬 2코 - 이랑빼뜨기 - 짧은뜨기 1코)

2-2단: 짧은뜨기 2코 줄여뜨기 - 사슬 3코 - 마지막 줄여뜨기 코에 빼뜨기 - 짧은뜨기 2코)*3 - 빼뜨기

퐁퐁국화 꽃(1개 만들기)

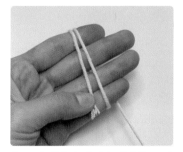

1 검지부터 새끼손가락을 모아 실을 80번 정도 감고 자른다.

2 27호 철사를 준비한다.

3 실의 중간 부분을 철사를 꼬아 고정한다.

4 이어진 실의 끝부분을 자른다.
[TIP] 모두 잘렸는지 꼼꼼히 확인한다.

5 돗바늘로 실을 헤집어준다.
[TIP] 실이 모두 풀어졌는지 확인한다. 꼬리빗을 이용해도 좋다.

6 원형 모양이 되도록 겉을 다듬는다.

7 잎사귀 실로 꽃 밑부분부터 철사를 감싼다.

8 철사 사이로 실을 넣고 철사를 두어 번 꼬아 고정하고 꼬리실은 짧게 자른다.

퐁퐁국화 잎사귀(1개 만들기)

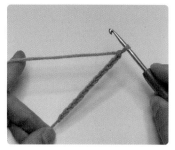

1 시작코(사슬 1코)를 만들고 사슬 12코를 뜬다.

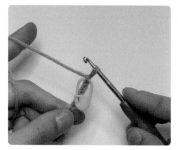

2 코바늘이 걸려있는 코에 단수링을 건다.

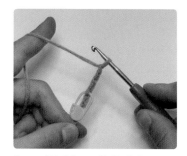

3 기둥사슬 3코를 올린다.

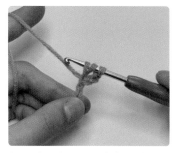

4 단수링으로 표기한 코에 한길긴뜨기 1코를 만드는데, 코바늘에 세 줄이 걸리기 직전까지 뜬다.

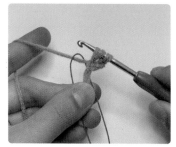

5 반으로 자른 27호 철사를 준비한다. 철사를 반으로 접은 편물과 실 사이에 얹는다.

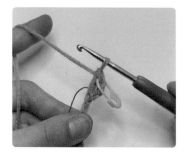

6 한길긴뜨기 1코를 완성한 뒤 단수링을 건다.

7 이어서 [한길긴뜨기 5코 - 짧은
뜨기 5코]를 뜬다.

8 옆 코에 짧은뜨기 3코 늘려뜨
기를 한다.

9 꼬리실을 당기면 큰 구멍이 나
온다. 해당 구멍의 바로 왼쪽
사슬부터 시작한다.

10 이어서 [짧은뜨기 5코 - 한길긴
뜨기 6코]를 뜬다.
TIP 꼬리실은 코바늘 위에 얹어
함께 뜬다.

11 단수링을 걸어둔 코에 빼뜨기
를 한다.

12 빼뜨기했던 코에 짧은뜨기 1코
를 뜨고 단수링을 건다.

13 옆 코로 넘어가서 짧은뜨기 1코
를 뜬다.

14 옆 코로 넘어가서 짧은뜨기 2코
줄여뜨기 한다.

15 사슬 3코를 뜬다.

16 마지막 줄여뜨기했던 코에 빼뜨기를 한다.

17 12~16번 과정을 2번 더 반복한다. [짧은뜨기 2코-짧은뜨기 2코 줄여뜨기-사슬 3코-빼뜨기]

18 옆 코로 넘어가서 짧은뜨기 1코를 뜨고 사슬 2코를 뜬다.

19 첫 번째 사슬 코에 이랑빼뜨기한다.

20 18번에서 짧은뜨기했던 코에 짧은뜨기 1코를 뜬다.

21 옆 코로 넘어가서 [짧은뜨기 2코 줄여뜨기-사슬 3코]를 뜬다.

22 마지막 줄여뜨기했던 코에 빼뜨기를 한다.

23 옆 코로 넘어가서 짧은뜨기 2코를 뜬다.

24 21~23번 과정을 2번 더 반복한다. [짧은뜨기 2코 줄여뜨기-사슬 3코-빼뜨기-짧은뜨기 2코]

25 단수링을 걸어둔 코에 빼뜨기를 하고 실을 당겨 코에서 뺀다. 실을 약 10cm 정도 남기고 자른다.

26 철사를 8~10번 꼬아준다.

27 남은 꼬리실로 꼬아준 철사를 감싸고, 그 사이로 꼬리실을 넣는다.

28 철사를 8~10번 꼬아 남은 꼬리실로 감싼다. 꼬리실을 철사 사이로 넣고 다시 두어 번 꼬아준 뒤 짧게 자른다.

------------------------------ **퐁퐁국화 조합하기(1개 만들기)** ------------------------------

1 18호 철사와 퐁퐁국화를 겹쳐 잡고, 잎사귀 실로 철사 위쪽을 감싸며 고정한다.
TIP 힘을 실어 철사를 감싸야 안정적으로 고정된다.

2 적절한 위치에 철사와 잎사귀를 함께 고정한다.

3 원하는 줄이 길이만큼 철사를 실로 감싸고 꼬리실 끝부분은 가위로 잘라 철사에 본드를 고정한다. 니퍼로 남은 철사를 자른다.

카라

'천년의 사랑'이라는 아름다운 꽃말을 지닌 카라는 신부 부케로 특히 사랑받는 꽃이에요.
몇 송이를 모아주기만 해도, 고급스럽고 예쁜 부케가 완성된답니다.
세상에 단 하나뿐인 뜨개 꽃 부케, 직접 만들어보시는 건 어떨까요?

난이도
★★★★☆
화보 **034p**

준비물
- 원하는 색상의 뜨개실(카라꽃 색상, 꽃술 색상, 잎사귀&줄기 색상-총 3가지 컬러, 두께 약 2.5mm의 밀키 코튼실 추천)
- 코바늘 4호(2.5mm)
- 철사(줄기- 18호 1개, 잎사귀 27호 1개)
- 돗바늘
- 가위
- 니퍼
- 본드
- 글루건
- 단수링 1개

뜨개 기법
매직링, 빼뜨기, V코 빼뜨기, 이랑빼뜨기, 사슬뜨기, 짧은뜨기, 긴뜨기, 긴뜨기 늘려뜨기, 한길긴뜨기, 한길긴뜨기 늘려뜨기, 두길긴뜨기

만드는 순서
1. 카라 1개를 뜬다.
2. 이어서 카라 줄기를 뜬다.
3. 카라 꽃술 1개를 뜬다.
4. 18호 철사와 꽃술과 함께 고정한다.
5. 카라 잎사귀 1개를 뜬다.
6. 카라와 꽃술을 글루건으로 고정한다.
7. 줄기 밑부분부터 철사를 잎사귀 실로 감싼다.
8. 이어서 잎사귀를 고정한다.
9. 원하는 만큼 철사를 실로 감싼 뒤 끝부분을 본드로 고정한다.
10. 남은 철사는 니퍼로 잘라 마무리한다.

◆ 카라(1개 만들기)

1단(총 5코): 매직링 - 시작코 - 짧은뜨기 5코(첫 코 단수링) - 빼뜨기

2단(총 10코): 기둥사슬 2코 - (긴뜨기 2코 늘려뜨기)*5(첫 코 단수링) - 빼뜨기

3단(총 20코): 기둥사슬 3코 - (한길긴뜨기 2코 늘려뜨기)*10(첫 코 단수링) - 빼뜨기

4단(총 40코): 기둥사슬 3코 - (한길긴뜨기 2코 늘려뜨기)*20(첫 코 단수링) - 빼뜨기

5단(총 60코): 기둥사슬 3코 - (한길긴뜨기 1코 - 한길긴뜨기 2코 늘려뜨기)*40(첫 코 단수링) - 빼뜨기

6단: 기둥사슬 2코 - (긴뜨기 2코 늘려뜨기 - 긴뜨기 2코)*9 - 한길긴뜨기 2코 - (두길긴뜨기 1코 - 사슬 1코 - V코 빼뜨기) - 두길긴뜨기 1코 - 한길긴뜨기 2코 - (긴뜨기 2코 늘려뜨기 - 긴뜨기 2코)*9 - 빼뜨기

◆ 카라 줄기(이어서)

1~3단: 기둥사슬 1코 - 짧은뜨기 5코

◆ 카라 꽃술(1개 만들기)

1단(총 5코): 매직링 - 시작코 - 짧은뜨기 5코(첫 코 단수링) - 빼뜨기

2~10단(총 5코): 기둥사슬 1코 - 짧은뜨기 5코(첫 코 단수링) - 빼뜨기

◆ 카라 잎사귀(1개 만들기)

1-1단: 시작코 - 사슬 31코 - (27호 철사 준비) - 긴뜨기 3코(첫 코 단수링) - 한길긴뜨기 3코 - 두길긴뜨기 18코 - 한길긴뜨기 3코 - 긴뜨기 2코 - 긴뜨기 1코 - (사슬 2코 - 이랑빼뜨기)

1-2단: 긴뜨기 2코 - 한길긴뜨기 3코 - 두길긴뜨기 18코 - 한길긴뜨기 3코 - 긴뜨기 3코 - 빼뜨기

$$\text{카라(1개 만들기)}$$

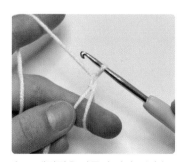

1 매직링을 만들어 시작코(사슬 1코)를 뜬다.

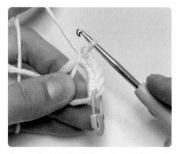

2 매직링에 짧은뜨기 5코를 뜬다.
TIP 첫 번째 짧은뜨기에 단수링을 걸어 표시한다.

3 꼬리실을 당겨 편물을 조이고 빼뜨기를 한다.

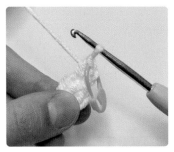

4 2단은 기둥사슬 2코를 올린다. 이어서 첫 코에 긴뜨기 1코를 뜨고, 단수링을 걸어 표시한다.

5 사슬 1개당 긴뜨기 2코 늘려뜨기를 한다. 빼뜨기까지 완료하면 총 10코가 된다.

6 3단은 기둥사슬 3코를 올린다. 첫 코에 한길긴뜨기 1개를 뜨고, 단수링을 걸어 표시한다.

7 사슬 1개당 한길긴뜨기 2코 늘려뜨기를 한다. 빼뜨기까지 완료하면 총 20코가 된다.

8 4단은 기둥사슬 3코를 올리고, 사슬 1개당 한길긴뜨기 2코 늘려뜨기를 한다. 빼뜨기까지 완료하면 사슬 총 40코가 된다.

9 5단은 기둥사슬 3코를 올리고 [한길긴뜨기 1코 - 한길긴뜨기 2코 늘려뜨기]를 총 40번 반복한다. 빼뜨기까지 완료하면 사슬 총 60코가 된다.

10 6단은 기둥사슬 2코를 올리고, 우선 [긴뜨기 2코 늘려뜨기 - 긴뜨기 2코]를 총 9번 반복한다.

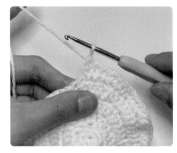

11 옆 코로 넘어가서 한길긴뜨기 2코를 뜬다.

12 옆 코로 넘어가서 두길긴뜨기 1코 뜨고, 사슬 1코를 뜬다.

13 사진을 참고하여 V코를 찾는
다.

14 해당 코에 V코 빼뜨기를 한다.

15 옆 코로 넘어가서 두길긴뜨기 1
코를 뜬다.

16 옆 코로 넘어가서 한길긴뜨기
2코를 뜬다.

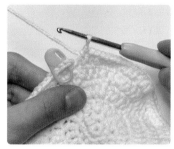

17 [긴뜨기 2코 늘려뜨기 - 긴뜨기
2코]를 총 9번 반복한다.

18 단수링을 걸어둔 코에 빼뜨기
를 하고 실을 당겨 코에서 뺀다.
꼬리실을 짧게 자른다.

19 편물을 뒤집어 돗바늘에 매직
링과 이어진 꼬리실을 넣는다.
아무 방향이나 돗바늘을 넣어
정리한다.

20 남은 매직링 꼬리실은 짧게 자
른다.

1 마지막에 카라 빼뜨기했던 사슬을 찾는다. 사진과 같이 빼뜨기 오른쪽의 두 번째 사슬에 코바늘을 넣는다.

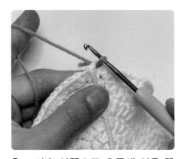

2 사슬 안쪽으로 초록색 실을 끌어온다.

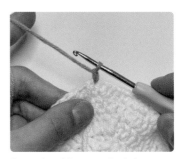

3 기둥사슬 1코를 올린다.

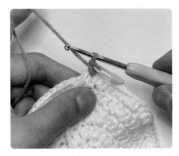

4 같은 코에 짧은뜨기 1코를 더 뜨고, 단수링을 걸어 표시한다.

5 이어서 짧은뜨기 4코 뜬다.
TIP 꼬리실은 코바늘 위에 얹어 함께 뜬다.

6 편물을 뒤집어 남은 꼬리실을 짧게 자른다.

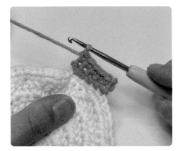

7 2단은 늘림없이 [기둥사슬 1코-짧은뜨기 5코] 뜬다.

8 3단도 [기둥사슬 1코-짧은뜨기 5코] 뜬다.

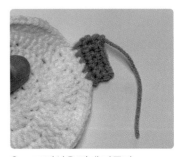

9 꼬리실을 짧게 자른다.

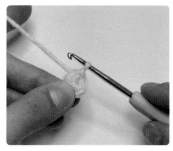

1 매직링을 만들어 시작코(사슬 1 코)를 뜨고 짧은뜨기 5코를 뜬 다.

2 2단부터 10단까지 늘림없이 짧 은뜨기 5코를 뜬다. 실을 당겨 코에서 빼고 약 5cm 남기고 자 른다.
TIP 2~10단 시작할 때 기둥사슬 1코는 필수로 세운다.

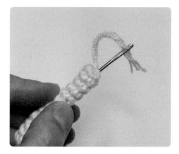

3 돗바늘에 꼬리실을 넣어 편물 안쪽으로 깊숙이 넣는다. 삐져 나온 꼬리실은 짧게 자른다.

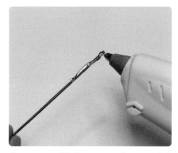

4 18호 철사 끝부분에 글루건을 길게 바른다.

5 꽃술 안쪽으로 철사를 넣어 고 정한다.

1 실로 시작코(사슬 1코)를 만들 고 사슬 31코를 뜬다.

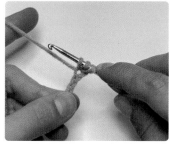

2 바로 옆 사슬에 긴뜨기 1코를 완성 직전까지 뜬다.

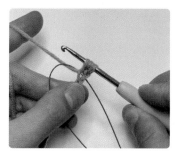

3 27호 철사를 반으로 접어 편물 과 실 사이에 얹는다.

171

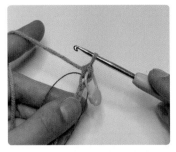

4 긴뜨기 1코를 완성한 뒤 단수링을 걸어 표시한다.

5 이어서 [긴뜨기 2코 - 한길긴뜨기 3코 - 두길긴뜨기 18코 - 한길긴뜨기 3코 - 긴뜨기 2코]를 뜬다.

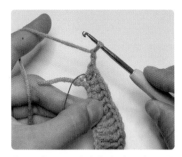

6 옆 코로 넘어가서 긴뜨기 1코를 뜨고, 사슬 2코를 올린다.

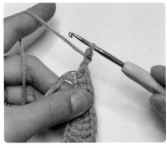

7 사슬 첫 번째 코에 이랑빼뜨기를 한다.

8 꼬리실을 당기면 큰 구멍이 나온다. 해당 구멍의 바로 왼쪽 사슬부터 시작한다.

9 이어서 [긴뜨기 2코 - 한길긴뜨기 3코 - 두길긴뜨기 18코 - 한길긴뜨기 3코 - 긴뜨기 3코]를 뜬다.
TIP 꼬리실은 코바늘 위에 얹어 함께 뜬다.

10 단수링을 걸어둔 코에 빼뜨기를 하고 실을 당겨 코에서 뺀다. 실을 약 10cm 정도 남기고 자른다.

11 철사를 8~10번 꼬아 남은 꼬리실로 감싼다. 꼬리실을 철사 사이로 넣고 다시 두어 번 꼬아 고정한 뒤 짧게 자른다.

12 잎사귀 끝이 뾰족해질 수 있도록 손으로 매만진다.

1 카라 줄기 꼬리실이 왼쪽을 향하도록 준비한다.

2 미리 만든 꽃술을 편물 위에 올려 자리를 확인한다.

3 줄기 부분을 글루건으로 고정한다.

4 이어서 꽃이 맞닿는 부분도 글루건으로 고정한다.

5 정면에서 봤을때 꽃술이 잘 보이도록 한다.

6 잎사귀 실로 꼬리실과 철사 위쪽을 감싸며 고정한다.
TIP 힘을 실어 철사를 감싸야 안정적으로 고정된다.

7 잎사귀를 적절한 위치에 고정한다.

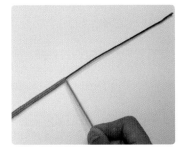

8 원하는 줄이 길이만큼 철사를 실로 감싸고 꼬리실 끝부분은 잘라 철사에 본드를 고정한다. 니퍼로 남은 철사를 자른다.

수선화

단정하면서도 고운 매력을 지닌 수선화. 꽃잎과 중심에 있는 부리가
각기 다른 색상을 띠어 한층 더 특별한 분위기를 자아내요.
단 한 송이만 만들어 예쁜 꽃병에 꽂아 두어도, 공간의 분위기가 금세 확 바뀐답니다!
오늘은 수선화로 우리 집에 새로운 감성을 더해보는 건 어떨까요?

난이도

★★★☆☆

화보 **036p**

준비물
- 원하는 색상의 뜨개실(수선화 부리 색상, 수선화 꽃잎 색상, 잎사귀&줄기 색상-
  총 3가지 컬러), 두께 약 2.5mm의 밀키 코튼실 추천)
- 코바늘 5호(3.0mm)
- 철사(줄기-18호 1개, 꽃 고정&잎사귀 27호 5개)
- 가위   · 니퍼
- 본드   · 돗바늘
- 단수링 1개

뜨개 기법   매직링, 빼뜨기, 사슬뜨기, 짧은뜨기, 짧은뜨기 늘려뜨기, 긴뜨기, 한길긴뜨기, 두길긴뜨기

만드는 순서
1. 수선화 부리 1개를 뜬다.
2. 꽃술 1개를 만든다.
3. 수선화 부리와 꽃술을 이어준다.
4. 수선화 꽃잎 6개를 뜬다.
5. 수선화 잎사귀 1개를 뜬다.
6. 잎사귀 실로 18호 철사에 부리를 먼저 고정한다.
7. 이어서 꽃잎을 차례차례 고정한다.
8. 꽃잎 밑부분부터 철사를 초록색 실로 감싼다.
9. 이어서 잎사귀를 철사로 고정한다.
10. 원하는 만큼 철사를 실로 감싼 뒤 끝부분을 본드로 고정한다.
11. 남은 철사는 니퍼로 잘라 마무리한다.

◆ **수선화 부리(1개 만들기)**

1단(총 5코): 매직링 - 시작코 - 짧은뜨기 5코(첫 코 단수링) - 빼뜨기

2단(총 10코): 기둥사슬 1코 - (짧은뜨기 2코 늘려뜨기)*5(첫 코 단수링) - 빼뜨기

3~5단(총 10코): 기둥사슬 1코 - 짧은뜨기 10코(첫 코 단수링) - 빼뜨기

6단: 기둥사슬 3코 - (짧은뜨기 1코 - 사슬 2코)*10 - 빼뜨기

◆ **수선화 꽃잎(6개 만들기)**

1-1단: 시작코 - 사슬 13코 - (½ 27호 철사 준비) - 짧은뜨기 1코(첫 코 단수링) - 긴뜨기 2코 - 한길긴뜨기 2코 - 두길긴뜨기 2코 - 한길긴뜨기 2코 - 긴뜨기 2코 - 짧은뜨기 1코

1-2단: 긴뜨기 2코 - 한길긴뜨기 2코 - 두길긴뜨기 2코 - 한길긴뜨기 2코 - 긴뜨기 2코 - 짧은뜨기 1코 - 빼뜨기

◆ **수선화 잎사귀(1개 만들기)**

1-1단: 시작코 - 사슬 31코 - (27호 철사 준비) - 짧은뜨기 3코(첫 코 단수링) - 긴뜨기 24코 - 짧은뜨기 2코 - 짧은뜨기 3코 늘려뜨기 - 사슬 1코

1-2단: 짧은뜨기 2코 - 긴뜨기 24코 - 짧은뜨기 3코 - 빼뜨기

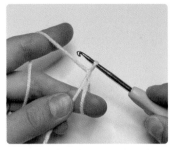

1 매직링을 만들어 시작코(사슬 1코)를 뜬다.

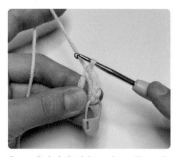

2 매직링에 짧은뜨기 5코를 뜬다.
[TIP] 첫 번째 짧은뜨기 할 때 단수링을 걸어 표시한다.

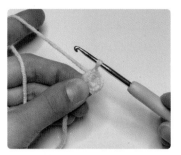

3 꼬리실을 당겨 편물을 조이고 빼뜨기를 한다.

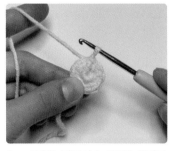

4 2단은 기둥사슬 1코를 올리고 짧은뜨기 2코 늘려뜨기를 총 5번 반복한다. 빼뜨기까지 완료하면 총 10코가 된다.

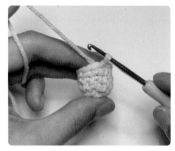

5 3~5단은 기둥사슬 1코를 올리고 늘림 없이 짧은뜨기 10코를 뜬다. 빼뜨기로 완료한다.

6 기둥사슬 3코를 올린다.

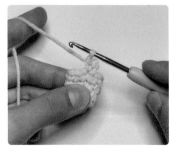

7 옆 코로 넘어가서 짧은뜨기 1코를 뜬다.

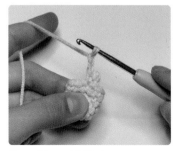

8 사슬 2코를 뜬다.

9 [짧은뜨기 1코 - 사슬 2코]를 9번 더 반복한다.

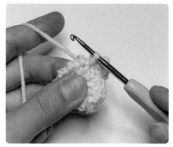

10 옆 코로 넘어가서 빼뜨기를 하고 실을 당겨 코에서 뺀다. 꼬리실을 적당히 남기고 자른다.

11 돗바늘에 꼬리실을 넣고, 빼뜨기한 곳으로 넣는다.

12 편물을 뒤집어 매직링의 꼬리실이 있는 곳으로 바느질한다. 돗바늘을 어느 곳에 넣어도 상관없다.

13 다시 편물을 뒤집는다.

수선화 꽃술(1개 만들기)

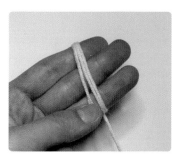

1 검지부터 약지손가락을 모아 실을 3번 정도 감는다.

2 27호 철사를 반으로 잘라 실의 중간 부분에 위치를 잡고 가운데 부분을 꼬아 고정한다.

3 이어진 실의 끝부분을 자른다.

1 수선화 부리 매직링에 꽃술의 철사 끝부분을 넣는다.

2 꽃술 길이를 확인한다. 너무 길 거나 삐져나오는 꽃술은 잘라 다듬는다.

수선화 꽃(6개 만들기)

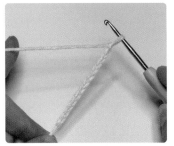

1 시작코(사슬 1코)를 만들고 사 슬 13코를 뜬다.

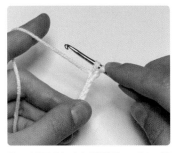

2 바로 옆 사슬에 짧은뜨기 1코를 완성 직전까지 뜬다.

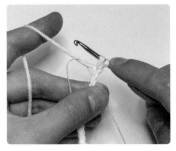

3 반으로 자른 27호 철사를 준비 한다. 철사를 반으로 접어 편물 과 실 사이에 얹는다.

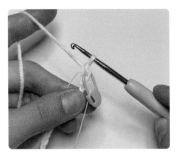

4 짧은뜨기 1코를 완성한 뒤 단수 링을 건다.

5 이어서 [긴뜨기 2코 - 한길긴뜨 기 2코 - 두길긴뜨기 2코 - 한길 긴뜨기 2코 - 긴뜨기 2코 - 짧은 뜨기 1코]를 뜬다.

6 꼬리실을 당기면 큰 구멍이 나 온다. 해당 구멍의 바로 왼쪽 사슬부터 시작한다.

178

7 이어서 [긴뜨기 2코-한길긴뜨기 2코-두길긴뜨기 2코-한길긴뜨기 2코-긴뜨기 2코-짧은뜨기 1코]를 뜬다.
TIP 꼬리실은 코바늘 위에 얹어 함께 뜬다.

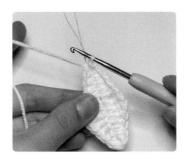

8 단수링을 걸어둔 코에 빼뜨기를 하고 실을 당겨 코에서 뺀다. 꼬리실을 적당히 자른다.

9 철사를 8~10번 꼬아 남은 꼬리실로 감싼다. 꼬리실을 철사 사이로 넣고 다시 두어 번 꼬아 고정한다. 꼬리실을 짧게 자른다. 같은 방법으로 수선화 꽃잎을 6개 만든다.

수선화 잎사귀(1개 만들기)

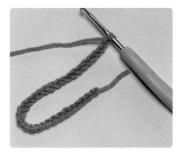

1 시작코(사슬 1코)를 만들고 사슬 31개를 뜬다.

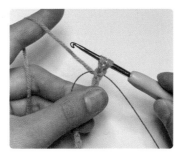

2 바로 옆 사슬에 짧은뜨기 1코를 완성 직전까지 뜨고, 27호 철사를 편물과 실 사이에 얹는다.

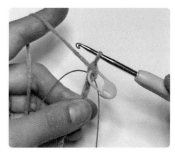

3 짧은뜨기 1코를 완성한 뒤 단수링을 건다.

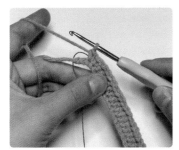

4 이어서 [짧은뜨기 2코-긴뜨기 24코-짧은뜨기 2코]를 뜬다.

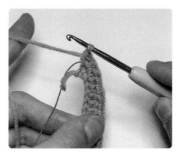

5 마지막 코에 짧은뜨기 3코 늘려뜨기를 한다.

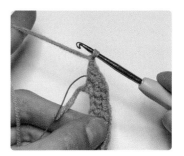

6 사슬 1코를 뜬다.

7 꼬리실을 당기면 큰 구멍이 나온다. 해당 구멍의 바로 왼쪽 사슬부터 시작한다.

8 이어서 [짧은뜨기 2코 - 긴뜨기 24코 - 짧은뜨기 3코]를 뜬다.

10 단수링을 걸어둔 코에 빼뜨기를 하고 실을 당겨 코에서 뺀다. 실을 약 5cm 정도 남기고 자른다.

10 철사를 4~5번 꼬아 남은 꼬리실로 감싼다. 꼬리실을 철사 사이로 넣고 다시 두어 번 꼬아 고정한다. 꼬리실을 짧게 자른다.

수선화 조합하기

1 잎사귀 실로 수선화 부리를 18호 철사와 함께 고정한다.

2 수선화 꽃잎 1개를 부리와 함께 고정한다.

3 이어서 차례차례 꽃잎을 추가하며 고정한다.

4 적절한 위치에 철사에 잎사귀
를 고정한다.

5 원하는 줄이 길이만큼 철사를
실로 감싸고 꼬리실 끝부분은
잘라 철사에 본드를 고정한다.
니퍼로 남은 철사를 자른다.

6 정면에서 꽃이 잘 보일 수 있도
록 철사를 구부려 마무리한다.

거베라

요즘 발레코어 스타일의 꽃다발로 대세인 거베라를 뜨개 꽃으로 만들어 볼게요.
사랑스러운 핑크색으로 거베라를 뜨고, 검은색 포장지와 핑크색 리본을 더해주면
완벽한 발레코어 스타일의 꽃다발이 완성된답니다!

난이도
★★★★★
화보 038p

준비물
- 원하는 색상의 뜨개실(거베라 색상, 꽃술&꽃받침&줄기 색상-총 2가지 컬러,
  두께 약 2mm의 마카롱실 추천)
- 코바늘 4호(2.5mm)
- 철사(줄기-18호 1개, 꽃 고정-27호 1개)
- 가위
- 니퍼
- 본드
- 글루건
- 돗바늘
- 단수링 1개

뜨개 기법
매직링, 빼뜨기, 이랑빼뜨기, 앞이랑빼뜨기, 뒤이랑빼뜨기, 사슬뜨기, 짧은뜨기,
짧은뜨기 늘려뜨기, 뒤이랑짧은뜨기, 뒤이랑짧은뜨기 늘려뜨기, 긴뜨기

만드는 순서
1. 거베라 작은 꽃잎, 큰 꽃잎 각 1개씩 뜬다.
2. 거베라 꽃술 1개를 뜬다.
3. 거베라 꽃받침 1개를 뜬다.
4. 꽃잎과 꽃술을 글루건으로 고정한다.
5. 반으로 자른 27호 철사로 거베라 뒷면을 고정한다.
6. 이어서 꽃받침을 글루건으로 고정한다.
7. 18호 철사로 미리 조합한 거베라를 고정한다.
8. 원하는 만큼 철사를 실로 감싼 뒤 끝부분을 본드로 고정한다.
9. 남은 철사는 니퍼로 잘라 마무리한다.

◆ 거베라 작은 꽃잎(1개 만들기)

1단(총 5코): 매직링 - 시작코 - 짧은뜨기 5코(첫 코 단수링) - 빼뜨기

2단(총 5코): 기둥사슬 1코 - 뒤이랑짧은뜨기 5코(첫 코 단수링) - 빼뜨기

3단(총 10코): 기둥사슬 1코 - (뒤이랑짧은뜨기 2코 늘려뜨기)*5(첫 코 단수링) - 빼뜨기

4단: {(사슬 7코 - 이랑빼뜨기 - 긴뜨기 4코 - 짧은뜨기 1코) - 뒤이랑빼뜨기}*10

◆ 거베라 큰 꽃잎(1개 만들기)

1~3단: 작은 꽃잎과 동일

4단: {(사슬 8코 - 이랑빼뜨기 - 긴뜨기 5코 - 짧은뜨기 1코) - 뒤이랑빼뜨기}*10

◆ 거베라 꽃술(1개 만들기)

1단(총 5코): 매직링 - 시작코 - 짧은뜨기 5코(첫 코 단수링) - 빼뜨기

2단(총 10코): 기둥사슬 1코 - (뒤이랑짧은뜨기 2코 늘려뜨기)*5(첫 코 단수링) - 빼뜨기

[색상 변경]

3-1단: (사슬 2코 - 앞이랑빼뜨기)*10 - 사슬 2코 - 뒤이랑빼뜨기

3-2단: (사슬 2코 - 뒤이랑빼뜨기)*10

◆ 거베라 꽃받침(1개 만들기)

1단(총 5코): 매직링 - 시작코 - 짧은뜨기 5코(첫 코 단수링) - 빼뜨기

2단(총 10코): 기둥사슬 1코 - (짧은뜨기 2코 늘려뜨기)*5(첫 코 단수링) - 빼뜨기

3단: [{(사슬 3코 - 이랑빼뜨기 - 짧은뜨기 1코) - 빼뜨기} - 빼뜨기]*5

거베라 작은 꽃잎(1개 만들기)

1 매직링을 만들어 시작코(사슬 1코)를 뜬다.

2 매직링에 짧은뜨기 5코를 뜬다.
TIP 첫 번째 짧은뜨기에 단수링을 걸어 표시한다.

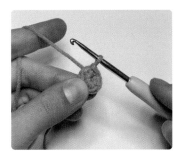

3 꼬리실을 당겨 편물을 조이고, 빼뜨기를 한다.

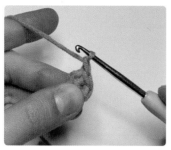

4 기둥사슬 1코를 올린다.

5 사진을 참고하여 뒤이랑짧은뜨기 할 코를 찾는다.

6 해당 코에 뒤이랑짧은뜨기 1코를 뜨고, 단수링을 건다.

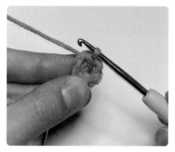

7 뒤이랑짧은뜨기를 4코 더 뜬다. 빼뜨기까지 완료하면 총 5코가 된다.

TIP 2~3단을 시작할 때 기둥사슬 1코는 필수로 세운다.

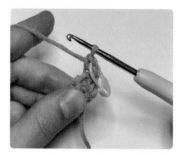

8 3단도 동일하게 첫 코에 뒤이랑짧은뜨기 1코를 뜨고, 단수링을 건다.

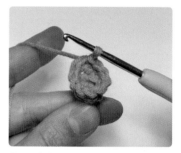

9 뒤이랑짧은뜨기 2코 늘려뜨기를 4번 더 반복한다. 빼뜨기까지 완료하면 총 10코가 된다.

10 사슬 7코를 뜬다.

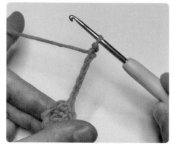

11 바로 옆 사슬에 이랑빼뜨기를 한다.

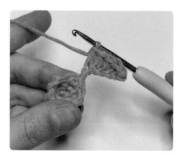

12 차례차례 긴뜨기 4코를 뜬다.

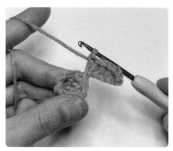

13 옆 사슬로 넘어가서 짧은뜨기 1
코를 뜬다.

14 옆 코로 넘어가서 뒤이랑빼뜨
기를 한다.

15 10~14번 과정을 9번 더 반복한
다. 꽃잎은 총 10개가 된다.

16 뒤이랑빼뜨기로 꽃을 마무리하
고 실을 당겨 코에서 뺀다. 실
을 적당히 남기고 자른다.

17 돗바늘에 꼬리실을 넣고, 빼뜨
기를 했던 코에 돗바늘을 넣는
다.

18 편물을 뒤집어 매직링 꼬리실
이 있는 쪽으로 꼬리실을 정리
한다.

19 꼬리실끼리 매듭을 두어 번 짓
고 짧게 자른다.

20 꽃잎이 잘 펴지도록 손으로 매
만진다. 거베라 작은 꽃잎 완성.
도안을 참고하여 거베라 큰 꽃
잎도 만든다.
TIP 작은 꽃잎과 큰 꽃잎은 약
0.3~0.5mm 정도 차이난다.

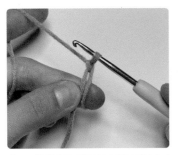

1 매직링을 만들어 시작코(사슬 1 코)를 뜬다.

2 매직링에 짧은뜨기 5코를 뜬 다. 꼬리실을 당겨 편물을 조이 고, 빼뜨기를 한다.

3 기둥사슬 1코를 올리고, 사진을 참고하여 해당 코에 뒤이랑짧 은뜨기 2코 늘려뜨기를 한다.

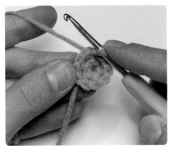

4 뒤이랑짧은뜨기 2코 늘려뜨기 를 4번 더 반복한다. 빼뜨기까 지 완료하면 총 10코가 된다. 실 을 당겨 코에서 뺀 뒤 적당히 남 기고 자른다.

5 돗바늘에 꼬리실을 넣고, 빼뜨 기를 했던 코에 돗바늘을 넣는 다.

6 앞 사슬에 코바늘을 넣는다. 어 느 곳에서 시작하든 상관없다. TIP 앞뒤 사슬을 모두 사용하므 로 위치를 미리 파악한다.

7 꽃잎 색상의 실을 끌어온다.

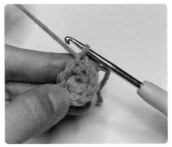

8 고리에 코바늘이 걸린 것을 확 인한다.

9 사슬 2코를 뜬다.

10 옆 코로 넘어가서 앞이랑빼뜨기한다.

11 9~10번 과정을 9번 더 반복한다. [사슬 2코 - 앞이랑빼뜨기]

12 사슬 2코를 뜬다.

13 편물을 뒤집어 바깥 사슬에 뒤이랑빼뜨기를 한다. 가장 가까운 바깥 코에서 시작한다. 정해진 코는 없다.

14 앞 사슬과 동일하게 [사슬 2코 - 뒤이랑빼뜨기]를 9번 더 반복한다.

15 모두 마무리하면 꽃술이 사진과 같은 모양이 나온다. 실을 당겨 코에서 뺀다. 실을 적당히 남기고 자른다.

16 돗바늘에 꼬리실을 넣고, 빼뜨기를 했던 코에 돗바늘을 넣는다.

17 편물을 뒤집어 같은 색상의 꼬리실끼리 매듭을 두어 번 짓고 짧게 자른다.

18 다시 편물을 뒤집어 꽃술이 안쪽으로 모아지도록 정리한다.

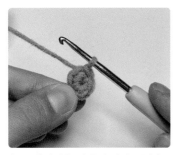

1 매직링을 만들어 시작코(사슬 1코)를 뜨고, 매직링에 짧은뜨기 5코를 뜬다. 꼬리실을 당겨 편물을 조이고, 빼뜨기를 한다.

2 2단은 기둥사슬 1코를 올리고, 짧은뜨기 2코 늘려뜨기를 총 5번 반복한다. 빼뜨기까지 완료하면 총 10코가 된다.

3 사슬 3코를 뜬다.

4 옆 사슬에 이랑빼뜨기를 한다.

5 다음 사슬에 짧은뜨기 1코를 뜬다.

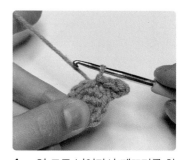

6 옆 코로 넘어가서 빼뜨기를 한다.

7 또 다시 옆 코로 넘어가서 빼뜨기를 한다.

8 3~7번 과정을 4번 더 반복한다. 실을 당겨 코에서 빼고 약 10cm 정도 남기고 자른다.

9 꼬리실을 넣고, 빼뜨기했던 코에 돗바늘을 넣는다.

10 편물을 뒤집어 매직링 꼬리실이 있는 쪽으로 꼬리실을 정리한다.

11 꼬리실끼리 매듭을 두어 번 짓고 짧게 자른다.

12 다시 편물을 뒤집어 입체감 있게 꽃받침을 정리한다.

거베라 조합하기

1 거베라 큰 꽃잎, 작은 꽃잎, 꽃술 순서대로 올린다. 각 편물마다 위치를 기억한다.

2 큰 꽃잎의 가운데 부분에 글루건을 바르고 작은 꽃잎을 고정한다.
TIP 큰 꽃잎, 작은 꽃잎의 경우 꽃잎이 겹치지 않도록 고정한다.

3 꽃잎이 잘 고정될 수 있도록 겹치는 부분은 꼼꼼히 글루건 처리 한다.

4 손으로 모양을 잡는다.

5 작은 꽃잎 가운데 부분에 글루건을 바른다.

6 꽃술을 고정하고, 손으로 모양을 잡는다.

7 27호 철사를 반으로 자른다. 거베라 뒷면의 매직링 부분에 철사를 넣어 고정한다.

8 철사를 4~5번 꼬아준다.

9 꽃받침을 거베라 아래쪽 철사로 끼워넣는다.

10 꽃받침을 글루건으로 거베라와 함께 고정한다.

11 어느 한쪽이 떨어지지 않도록 최종적으로 확인한다.

12 고정이 잘 되었다면 꽃받침이 사진과 같이 볼록 튀어나온다.

13 꽃받침 실로 꽃 밑부분부터 철사와 꼬리실을 감싼다.

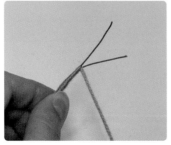

14 8~10cm 정도 철사를 감싸고 철사 사이로 실을 넣는다.

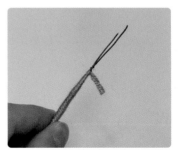

15 그대로 철사를 두어 번 꼬아 고정하고, 꼬리실을 짧게 자른다.

16 18호 철사와 거베라를 겹쳐 잡
는다.

17 잎사귀 실로 거베라를 철사 위
쪽부터 감싼다.
TIP 힘을 실어 철사를 감싸야 안
정적으로 고정된다.

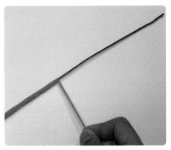

18 원하는 줄이 길이만큼 철사를
실로 감싸고 꼬리실 끝부분은
자르고 본드로 철사에 고정한
다. 니퍼로 남은 철사를 자른다.

19 정면에서 꽃과 꽃술이 잘 보일
수 있도록 철사를 구부려 마무
리한다.

프리지아

봄을 알리는 대표 꽃, 프리지아. 큰 꽃잎부터 작은 꽃잎,
꽃봉오리까지 만드는 과정이 많지만, 예쁜 프리지아가 완성되어 뿌듯함을 느끼실 거예요!
그 뿌듯한 마음으로, 봄을 맞이해 보는 건 어떨까요?

난이도
★★★★★
화보 **040p**

준비물
- 원하는 색상의 뜨개실(꽃 색상, 꽃받침&줄기 색상-총 2가지 컬러, 두께 약 2.5mm의 밀키 코튼실 추천)
- 코바늘 5호(3.0mm)
- 철사(줄기-18호 1개, 꽃 고정-27호 3개)
- 가위
- 니퍼
- 본드
- 글루건
- 돗바늘
- 단수링 2개

뜨개 기법
매직링, 빼뜨기, V코 빼뜨기, 사슬뜨기, 짧은뜨기, 긴뜨기, 긴뜨기 늘려뜨기, 한길긴뜨기, 한길긴뜨기 늘려뜨기, 두길긴뜨기

만드는 순서
1. 프리지아 큰 꽃잎 2개를 뜬다.
2. 프리지아 작은 꽃잎 2개를 뜬다.
3. 프리지아 꽃받침 4개를 뜬다.
4. 글루건으로 꽃잎과 꽃받침을 조합한다.
5. 꽃봉오리 2개를 만든다.
6. 18호 철사로 꽃봉오리부터 차례차례 고정한다.
7. 원하는 만큼 철사를 실로 감싼 뒤 끝부분을 본드로 고정한다.
8. 남은 철사는 니퍼로 잘라 마무리한다.

◆ 프리지아 큰 꽃잎(2개 만들기)

1단(총 4코): 매직링 - 시작코 - 짧은뜨기 4코(첫 코 단수링)

2단(총 8코): 기둥사슬 2코 - (긴뜨기 2코 늘려뜨기)*4(첫 코 단수링)

3단(총 13코): 기둥사슬 3코 - (한길긴뜨기 1코 - 한길긴뜨기 2코 늘려뜨기)*2(첫 코 단수링) -
(한길긴뜨기 2코 늘려뜨기)*2 - 한길긴뜨기 1코 - 한길긴뜨기 2코 늘려뜨기

4단: {(기둥사슬 4코, 두길긴뜨기 1코 - 사슬 1코 - V코 빼뜨기) - (두길긴뜨기 1코, 한길긴뜨기 1코 - 사슬 3코) -
빼뜨기}*6(다음 코 이동하지 않고 바로 시작)

◆ 프리지아 작은 꽃잎(2개 만들기)

1단(총 4코): 매직링 - 시작코 - 짧은뜨기 4코(첫 코 단수링)

2단(총 7코): 기둥사슬 3코 - (한길긴뜨기 2코 늘려뜨기)*2(첫 코 단수링) - 한길긴뜨기 1코 -
한길긴뜨기 2코 늘려뜨기

3단: {(기둥사슬 3코, 한길긴뜨기 1코 - 사슬 1코 - V코 빼뜨기) - (한길긴뜨기 1코, 긴뜨기 1코 - 사슬 2코) -
빼뜨기}*3(다음 코 이동하지 않고 바로 시작)

◆ 프리지아 꽃받침(4개 만들기)

1단: 매직링 - (사슬 2코 - 한길긴뜨기 2코 - 사슬 3코 - 빼뜨기)*2

프리지아 큰 꽃잎(2개 만들기)

 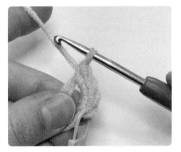 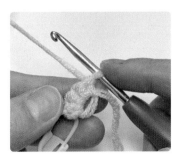

1 매직링을 만들어 시작코(사슬 1코)를 뜬다.

2 매직링에 짧은뜨기 4코를 뜬다.
[TIP] 첫 번째 짧은뜨기에 단수링을 걸어 표시한다.

3 꼬리실을 당겨 편물을 조인다. 편물을 왼쪽으로 뒤집는다.

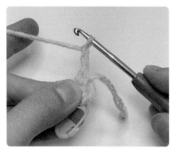

4 기둥사슬 2코를 올린다.

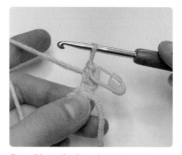

5 첫 코에 긴뜨기 1코를 뜬다.
[TIP] 다른 컬러의 단수링을 걸어
표시한다.

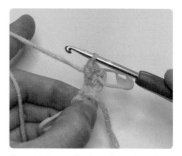

6 같은 코에 긴뜨기 1코를 더 뜬
다.

7 1코당 긴뜨기 2코 늘려뜨기를
3번 더 뜬다. 2단은 총 8코가
된다.

8 3단 시작. 또 다시 편물을 왼쪽
으로 뒤집고 기둥사슬 3코를
올린다.

9 첫 코에 한길긴뜨기 1코를 뜬다.
[TIP] 다른 컬러의 단수링을 걸어
표시한다.

10 옆 코로 넘어가서 한길긴뜨기
2코 늘려뜨기를 한다.

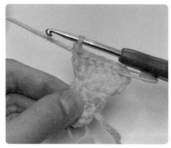

11 9~10번 과정을 1번 더 반복한
다. [한길긴뜨기 1코 - 한길긴뜨
기 2코 늘려뜨기]

12 다음 코, 다다음 코 순서대로
한길긴뜨기 2코 늘려뜨기를 총
2번 반복한다.

13 11번 과정을 1번 더 반복한다.
[한길긴뜨기 1코 - 한길긴뜨기
2코 늘려뜨기]

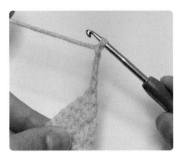

14 4단 시작. 또 다시 편물을 왼쪽
으로 뒤집고, 기둥사슬 4코를
올린다.

15 사슬과 이어진 첫 코에 두길긴
뜨기 1코 뜬다.

16 사슬 1코를 올리고, 사진을 참
고해 V코를 찾는다.

17 해당 코에 V코 빼뜨기를 한다.

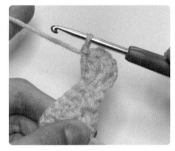

18 옆 코로 넘어가서 같은 코에
(두길긴뜨기 1코, 한길긴뜨기 1
코) 뜬다.

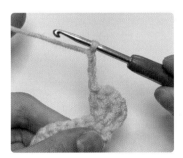

19 사슬 3코를 뜬다.

20 옆 코로 넘어가서 빼뜨기를 한
다.

21 14~20번 과정을 5번 더 반복
한다.
[TIP] 프리지아는 반복 구간에서
다음 코로 이동하지 않는다. 즉, 마
지막 빼뜨기한 코에서 바로 반복
구간을 시작한다.

22 마지막으로 꽃잎이 총 6개인지 확인한다. 실을 당겨 코에서 **빼**고 약 10cm 정도 남기고 자른다.

23 꼬리실을 돗바늘에 넣고, 매직링 구멍쪽으로 바느질한다. 아무 코나 타고 내려가도 상관없다.

24 최대한 매직링에서 두 꼬리실을 만나게 한다.

25 꼬리실끼리 매듭을 두어 번 짓고, 최대한 짧게 자른다. 같은 방법으로 프리지아 큰 꽃잎을 2개 만든다.

-------------------- 프리지아 작은 꽃잎(2개 만들기) --------------------

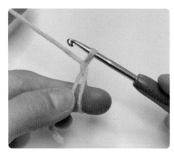

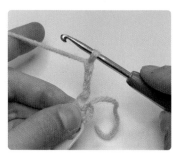

1 매직링을 만들어 시작코(사슬 1 코)를 뜬다.

2 매직링에 짧은뜨기 4코를 뜬다.
TIP 첫 번째 짧은뜨기에 단수링을 걸어 표시한다.

3 꼬리실을 당겨 편물을 조이고 편물을 왼쪽으로 뒤집어 기둥 사슬 3코를 올린다.

4 첫 코에 한길긴뜨기 1코를 뜨고 다른 컬러의 단수링을 걸어 표시한다.

5 같은 코에 한길긴뜨기 1코를 더 뜬다.

6 옆 코로 넘어가서 한길긴뜨기 2코 늘려뜨기를 한다.

7 옆 코로 넘어가서 한길긴뜨기 1코 뜬다.

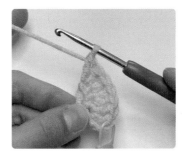

8 옆 코로 넘어가서 한길긴뜨기 2코 늘려뜨기를 한다. 2단은 총 7코가 된다.

9 3단 시작. 편물을 왼쪽으로 뒤집어 기둥사슬 3코를 올린다.

10 사슬과 이어진 첫 코에 한길긴 뜨기 1코 뜬다.

11 사슬 1코를 올리고, 사진을 참고해 V코를 찾는다.

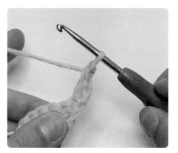

12 해당 코에 V코 빼뜨기를 한다.

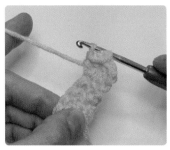

13 옆 코로 넘어가서 같은 코에 (한길긴뜨기 1코, 긴뜨기 1코) 뜬다.

14 사슬 2코를 뜬다.

15 옆 코로 넘어가서 빼뜨기를 한다.

16 9~15번 과정을 참고해 동일하게 2번 더 반복한다. 실을 당겨 코에서 빼고 약 10cm 정도 남기고 자른다.

17 프리지아 큰 꽃잎 도안 23~25번 과정을 참고하여 진행한다. 같은 방법으로 프리지아 작은 꽃잎을 2개 만든다.

------------------------------ 프리지아 꽃받침(4개 만들기) ------------------------------

1 매직링을 만들어 사슬 2코를 뜬다.

2 매직링 안에 한길긴뜨기 2코를 뜬다.

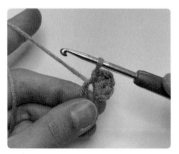

3 사슬 3코를 뜨고, 매직링 안에 빼뜨기한다.

4 매직링 안에 1~3번 과정을 1번 더 한다. 실을 당겨 코에서 빼고 약 5cm 정도 남기고 자른다.

5 매직링과 이어진 꼬리실을 조이면 꽃받침이 모인다. 같은 방법으로 4개 만든다.

프리지아 꽃, 꽃받침 조합하기

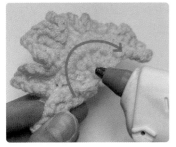

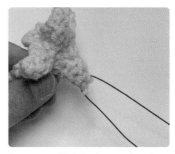

1 프리지아 큰 꽃잎은 사진을 참고하여 화살표 방향으로 글루건을 바르고 꽃잎을 말아 고정한다.
TIP 꽃이 뚱뚱해지지 않도록 글루건은 적당량 사용한다.

2 프리지아 작은 꽃잎도 1번 과정과 동일하게 진행한다.

3 27호 철사를 반으로 자른다. 프리지아 꽃 밑부분에 철사를 끼워넣는다.
TIP 철사가 잘 들어가지 않는다면 돗바늘로 먼저 구멍을 뚫는다.

4 철사를 두어 번 꼬아 고정한다.

5 꽃받침 매직링에 꽃과 이어진 철사를 끼워넣는다.

6 글루건으로 꽃받침을 고정한다. 어느 한곳이 떨어지지 않도록 주의한다.

7 꽃받침과 이어진 꼬리실을 철사와 함께 잡는다.

8 꽃받침 실로 꽃 밑부분부터 철사와 꼬리실을 감싼다.

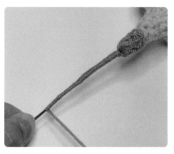

9 8~10cm 정도 철사를 감싸고 철사 사이로 실을 넣는다.

10 그대로 철사를 두어 번 꼬아 고정하고, 꼬리실을 바짝 자른다.

11 같은 방법으로 프리지아 큰 꽃잎을 1개 더 조합한다.

12 프리지아 작은 꽃잎도 2개 조합한다.

-------------------- 프리지아 꽃봉오리(2개) --------------------

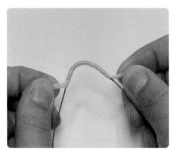

1 27호 철사를 반으로 자른다. 노란실로 철사 가운데를 약 3.5cm 정도 감싼다.

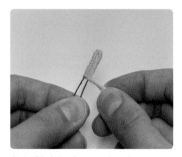

2 철사를 반으로 접는다.

3 사진과 같이 실을 여러 번 감싼 뒤 꼬리실을 자른다.

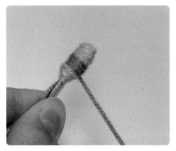

4 꽃받침 실로 꽃봉오리 중간부
터 감싼다.

5 8~10cm 정도 철사를 감싸고
철사 사이로 실을 넣는다.

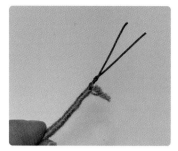

6 그대로 철사를 두어 번 꼬아 고
정하고, 꼬리실을 바짝 자른다.
같은 방법으로 꽃봉오리를 2개
만든다.

------------------------------ 프리지아 꽃 조합하기 ------------------------------

1 18호 철사와 프리지아 꽃봉오
리를 겹쳐 잡는다.

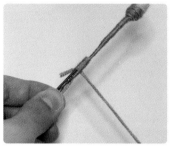

2 꽃받침 실로 꽃봉오리와 철사
위쪽을 감싸며 고정한다.
TIP 힘을 실어 철사를 감싸야 안
정적으로 고정된다.

3 1~2cm 정도 아래 두 번째 꽃봉
오리를 고정한다.

4 7~8cm 정도 아래 프리지아 작
은 꽃잎 2개를 차례차례 고정
한다.

5 7~8cm 정도 아래 프리지아 큰
꽃잎 2개를 차례차례 고정한다.

6 원하는 만큼 철사를 실로 감싸
고 꼬리실 끝부분은 잘라 본드
에 철사에 고정한다. 니퍼로 남
은 철사를 자른다.

동백꽃

빨간 꽃잎과 노란 꽃술이 포인트가 되어 겨울의 매력을 더해주는 동백꽃.
제주도의 눈 쌓인 동백꽃이 바로 떠올라 흰색 포장지를 리본은 동백꽃의 붉은 색상과
어울리게 빨간색으로 마무리했답니다. 겨울 꽃다발로 동백꽃을 선물해 보는 건 어떨까요?

난이도
★★★☆☆
화보 **042p**

준비물
- 원하는 색상의 뜨개실(꽃 색상, 꽃술 색상, 잎사귀&줄기 색상-총 3가지 컬러, 두께 약 2.5mm의 밀키 코튼실 추천)
- 코바늘 5호(3.0mm)
- 철사(줄기-18호 1개, 꽃 고정&잎사귀-27호 1개)
- 가위
- 니퍼
- 본드
- 글루건
- 돗바늘
- 단수링 1개

뜨개 기법
빼뜨기, 이랑빼뜨기, 사슬뜨기, 짧은뜨기, 긴뜨기, 한길긴뜨기, 두길긴뜨기, 두길긴뜨기 늘려뜨기

만드는 순서
1. 동백꽃 1개를 뜬다.
2. 동백꽃 꽃술 1개를 뜬다.
3. 꽃 모양을 잡고 글루건으로 고정한 뒤 꽃술을 조합한다.
4. 동백꽃 잎사귀 1개를 뜬다.
5. 18호 철사에 미리 조합한 동백꽃부터 고정한다.
6. 그 밑으로 잎사귀를 철사에 고정한다.
7. 원하는 만큼 철사를 실로 감싼 뒤 끝부분을 본드로 고정한다.
8. 남은 철사는 니퍼로 잘라 마무리한다.

◆ **동백꽃(1개 만들기)**

1단: 시작코 - 사슬 15코(마지막 코 단수링) - 기둥사슬 1코 - 짧은뜨기 15코

2단: 편물 뒤집어 기둥사슬 4코 - 두길긴뜨기 4코 늘려뜨기 - (한 코 건너뛰기 - 두길긴뜨기 5코 늘려뜨기)*7

3단: 편물 뒤집어 (기둥사슬 4코 - 두길긴뜨기 4코 - 사슬 4코 - 빼뜨기)*7 - 기둥사슬 4코 - 두길긴뜨기 3코 - 사슬 4코 - 빼뜨기

◆ **동백꽃 꽃술(1개 만들기)**

1단: 시작코 - 사슬 6코(마지막 코 단수링) - 사슬 7코 - 6번째 사슬코에 빼뜨기 - (사슬 7코 - 다음 코에 빼뜨기)*5

◆ **동백꽃 잎사귀(1개 만들기)**

1-1단: 시작코 - 사슬 14코 - (27호 철사 ½ 준비) - 짧은뜨기 1코(단수링) - 긴뜨기 3코 - 한길긴뜨기 5코 - 긴뜨기 3코 - 짧은뜨기 1코 - (사슬 1코 - 이랑빼뜨기)

1-2단: 짧은뜨기 1코 - 긴뜨기 3코 - 한길긴뜨기 5코 - 긴뜨기 2코 - 짧은뜨기 1코 - 빼뜨기

동백꽃(1개 만들기)

 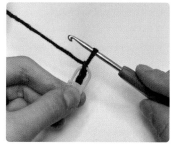 

1 시작코(사슬 1코)를 만들고 사슬 15코를 뜬다.

2 코바늘이 걸려있는 코에 단수링을 건다.

3 기둥사슬 1코를 올린다.

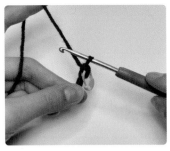

4 단수링을 걸어둔 사슬 코에 짧
은뜨기 1코를 뜬다.

5 이어서 짧은뜨기 14코를 뜬다.

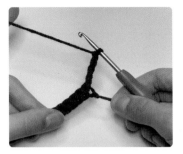

6 2단 시작. 편물을 뒤집어 기둥
사슬 4코를 올린다.

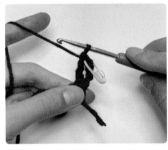

7 첫 코에 두길긴뜨기 1코를 뜬
다.

8 같은 코에 두길긴뜨기 3코를
뜬다.

9 사진과 같이 표기된 코를 건너
뛴다.

10 이어서 두길긴뜨기 5코 늘려뜨
기 한다.

11 9~10번 과정을 6번 더 반복한
다.
TIP 편물이 동그랗게 말리기 시
작한다.

12 3단 시작. 편물을 뒤집어 기둥
사슬 4코를 올린다.

204

13 첫 코부터 순서대로 두길긴뜨기 4코를 뜬다.

14 사슬 4코를 뜬다.

15 옆 코로 넘어가서 빼뜨기 한다. 12~15번 과정을 동일하게 6번 더 반복한다.

16 [기둥사슬 4코 - 두길긴뜨기 3코]를 뜬다.

17 사슬 4코를 뜨고, 마지막 코에 빼뜨기를 한다. 실을 당겨 코에서 빼고 약 10cm 정도 남기고 자른다.

18 꼬리실을 돗바늘에 넣고, 처음에 생긴 꼬리실이 있는 곳으로 바느질한다. 아무 코나 타고 내려가도 상관없다.

19 꼬리실끼리 매듭을 두어 번 짓고 짧게 자른다.

22 꼬리실이 있는 꽃잎이 가장 안쪽으로 가도록 하고. 사진과 같이 안쪽으로 돌돌 말아준다.
TIP 사슬이 보이는 쪽이 바깥으로 가게끔 말아야 꽃잎이 퍼져 예쁘다.

23 말면서 튀어나오는 꼬리실은 밑으로 모아준다.

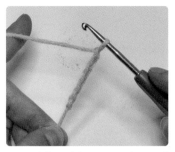

1 시작코(사슬 1코)를 만들고 사슬 6코를 뜬다.

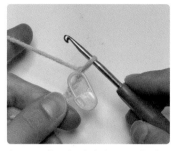

2 코바늘이 걸려있는 코에 단수링을 건다.

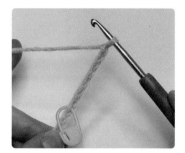

3 사슬 7코를 뜬다.

4 단수링을 걸어둔 사슬 코에 빼뜨기를 한다.

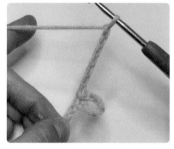

5 사슬 7코를 올린다.

6 옆 코로 넘어가서 빼뜨기를 한다.

7 5~6번 과정을 4번 더 반복한다. 실을 당겨 코에서 빼고 약 5cm 정도 남기고 자른다.

8 꽃술을 돌돌 말아준다.

9 27호 철사를 반으로 자른다. 꽃술 밑부분에 철사를 끼워넣고 두어 번 꼬아 고정한다.

1 동백꽃잎 사이사이를 글루건으로 고정한다. 어느 한쪽이 떨어지지 않도록 꼼꼼하게 작업한다.

2 동백꽃 가운데 꽃술 철사 끝부분을 집어 넣는다.
TIP 꽃술의 꼬리실이 잘 들어가지 않는다면 코바늘을 활용한다.

3 바깥으로 동백꽃 꼬리실과 꽃술의 꼬리실 모두 빠져나온 것을 확인하고 꽃술이 잘 자리잡았는지 확인한다.

4 잎사귀와 실로 꽃 밑부분부터 철사와 꼬리실을 감싼다.

5 8~10cm 정도 철사를 감싸고 철사 사이로 실을 넣는다.

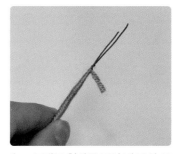

6 그대로 철사를 두어 번 꼬아 고정하고 꼬리실을 바짝 자른다.

동백꽃 잎사귀(1개 만들기)

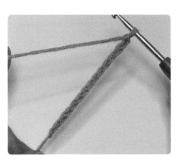

1 시작코(사슬 1코)를 만들고 사슬 14코를 뜬다.

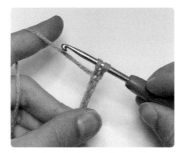

2 바로 옆 사슬에 짧은뜨기 1코를 완성 직전까지 뜬다.

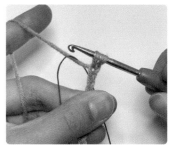

3 반으로 자른 27호 철사를 준비한다. 철사를 반으로 접어 편물과 실 사이에 얹는다.

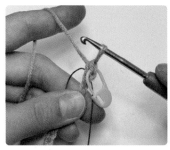

4 짧은뜨기 1코를 완성한 뒤 단수
링을 건다.

5 이어서 [긴뜨기 3코 - 한길긴뜨
기 5코 - 긴뜨기 3코]를 뜬다.
[TIP] 마무리까지 쭉 철사를 안고
뜬다.

6 마지막 코에 [짧은뜨기 1코 - 사
슬 1코] 뜬다.

7 옆 코로 넘어가서 이랑빼뜨기
한다.

8 꼬리실을 당기면 큰 구멍이 나
온다. 해당 구멍의 바로 왼쪽
사슬부터 시작한다.

9 이어서 [짧은뜨기 1코 - 긴뜨기
3코 - 한길긴뜨기 5코 - 긴뜨기
2코 - 짧은뜨기 1코]를 뜬다.

10 단수링을 걸어둔 코에 빼뜨기
를 하고 실을 당겨 코에서 뺀다.
10cm 정도 실을 남기고 자른
다.

12 철사를 5~6번 꼬아 남은 꼬리
실로 감싼다. 꼬리실을 철사 사
이로 넣고 다시 두어 번 꼬아
고정한다.

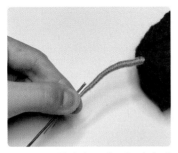

1 18호 철사와 동백꽃을 겹쳐 잡
는다.

2 잎사귀 실로 동백꽃과 철사 위
쪽을 감싸며 고정한다.
[TIP] 힘을 실어 철사를 감싸야 안
정적으로 고정된다.

3 적절한 위치에 잎사귀도 함께
고정한다.

4 원하는 줄기 길이만큼 철사를
실로 감싼다. 꼬리실 끝부분은
잘라 본드로 철사에 고정한다.
니퍼로 남은 철사를 자른다.

5 정면에서 꽃과 꽃술이 잘 보일
수 있도록 철사를 구부려 마무
리한다.

천일홍

딸기일까, 꽃일까? 동글동글하고 너무 귀여운 천일홍!

미니 딸기처럼 사랑스러운 천일홍은 꽃다발에 자주 활용되곤 해요.

샤스타데이지나 마트리카리아와 함께 어우러지면,

더욱 귀여운 조합이 완성될 거예요! 꼭 한 번 만들어보는 걸 추천해 드려요.

난이도

★★☆☆☆

화보 **044p**

준비물
- 원하는 색상의 뜨개실(꽃 색상, 잎사귀&줄기 색상 - 총 2가지 컬러, 두께 약 2.5mm의 밀키 코튼실 추천)
- 코바늘 5호(3.0mm)
- 철사(줄기 - 18호 1개, 꽃 고정&잎사귀 - 27호 2개)
- 솜
- 가위
- 니퍼
- 본드
- 돗바늘
- 단수링 1개

뜨개 기법
매직링, 빼뜨기, 이랑빼뜨기, 사슬뜨기, 짧은뜨기, 짧은뜨기 늘려뜨기, 짧은뜨기 줄여뜨기, 긴뜨기, 한길긴뜨기

만드는 순서
1. 천일홍 꽃 1개를 뜬다.
2. 천일홍 잎사귀 2개를 뜬다.
3. 18호 철사에 천일홍 꽃을 고정한다.
4. 그 밑으로 잎사귀를 고정한다.
5. 원하는 만큼 철사를 실로 감싼 뒤 끝부분을 본드로 고정한다.
6. 남은 철사는 니퍼로 잘라 마무리한다.

◆ 천일홍 꽃(1개 만들기)

1단(총 3코): 매직링 - 시작코 - 짧은뜨기 3코(첫 코 단수링) - 빼뜨기

2단(총 6코): 기둥사슬 1코 - (짧은뜨기 2코 늘려뜨기)＊3(첫 코 단수링) - 빼뜨기

3단(총 9코): 기둥사슬 1코 - (짧은뜨기 1코 - 짧은뜨기 2코 늘려뜨기)＊3(첫 코 단수링) - 빼뜨기

4단(총 12코): 기둥사슬 1코 - (짧은뜨기 2코 - 짧은뜨기 2코 늘려뜨기)＊3(첫 코 단수링) - 빼뜨기

5~7단(총 12코): 기둥사슬 1코 - 짧은뜨기 12코(첫 코 단수링) - 빼뜨기

8단(총 9코): 기둥사슬 1코 - (짧은뜨기 2코 - 짧은뜨기 2코 줄여뜨기)＊3(첫 코 단수링) - 빼뜨기

9단(총 6코): 기둥사슬 1코 - (짧은뜨기 1코 - 짧은뜨기 2코 줄여뜨기)＊3(첫 코 단수링) - 빼뜨기

◆ 천일홍 작은 잎사귀(1개 만들기)

1-1단: 시작코 - 사슬 10코 - (27호 철사 ½ 준비) - 짧은뜨기 1코(첫 코 단수링) - 긴뜨기 7코 - 짧은뜨기 1코 - (사슬 1코 - 이랑빼뜨기)

1-2단: 긴뜨기 7코 - 짧은뜨기 1코 - 빼뜨기

◆ 천일홍 큰 잎사귀(1개 만들기)

1-1단: 시작코 - 사슬 14코 - (½ 27호 철사 준비) - 짧은뜨기 1코(첫 코 단수링) - 긴뜨기 3코 - 한길긴뜨기 5코 - 긴뜨기 3코 - 짧은뜨기 1코 - (사슬 1코 - 이랑빼뜨기)

1-2단: 짧은뜨기 1코 - 긴뜨기 3코 - 한길긴뜨기 5코 - 긴뜨기 2코 - 짧은뜨기 1코 - 빼뜨기

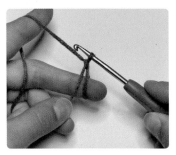

1 매직링을 만들어 시작코(사슬 1 코)를 뜬다.

2 매직링에 짧은뜨기 3코를 뜬다.
TIP 첫 번째 짧은뜨기에 단수링 을 걸어 표시한다.

3 꼬리실을 당겨 편물을 조이고, 빼뜨기를 한다.

4 2단은 사슬 1개당 짧은뜨기 2 코 늘려뜨기를 3번 반복한다. 빼뜨기까지 완료하면 2단은 총 6코가 된다.
TIP 2~9단을 시작할 때 기둥사슬 1코는 필수로 세운다.

5 3단은 [짧은뜨기 1코-짧은뜨 기 2코 늘려뜨기]를 총 3번 반 복한다. 빼뜨기까지 완료하면 3단은 총 9코가 된다.

6 4단은 [짧은뜨기 2코-짧은뜨 기 2코 늘려뜨기]를 총 3번 반 복한다. 빼뜨기까지 완료하면 4단은 총 12코가 된다.

7 5~7단은 늘림 없이 짧은뜨기 12코를 뜨고 빼뜨기로 마무리 한다.

8 8단은 [짧은뜨기 2코-짧은뜨 기 2코 줄여뜨기]를 총 3번 반 복한다. 빼뜨기까지 완료하면 8단은 총 9코가 된다.

9 천일홍 안에 솜을 넉넉히 채운 다.

10 9단은 [짧은뜨기 1코 - 짧은뜨기 2코 줄여뜨기]를 총 3번 반복한다. 빼뜨기까지 완료하면 9단은 총 6코가 된다.

11 돗바늘로 줄여뜨기 하여 마무리한다.
TIP 코바늘 기초 306p를 참고한다.

12 천일홍의 윗면과 아랫면을 잘 구분한다.

천일홍 잎사귀(작은 잎사귀 1개, 큰 잎사귀 1개)

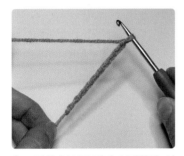

1 작은 잎사귀 먼저 시작한다. 시작코(사슬 1코)를 만들고 사슬 10코를 뜬다.

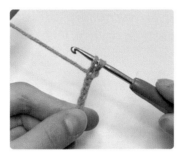

2 바로 옆 사슬에 짧은뜨기 1코를 완성 직전까지 뜬다.

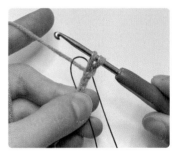

3 반으로 자른 27호 철사를 준비한다. 철사를 반으로 접어 편물과 실 사이에 얹는다.

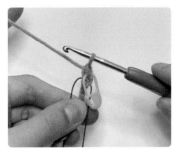

4 짧은뜨기 1코를 완성한 뒤 단수링을 건다.

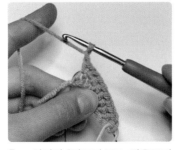

5 이어서 [긴뜨기 7코 - 짧은뜨기 1코 - 사슬 1코] 뜬다.
TIP 마무리까지 쭉 철사를 안고 뜬다.

6 옆 코에 이랑빼뜨기를 한다.

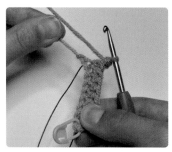

7 꼬리실을 당기면 큰 구멍이 나온다. 해당 구멍의 바로 왼쪽 사슬부터 시작한다.

8 이어서 [긴뜨기 7코 - 짧은뜨기 1코]를 뜬다.

9 단수링을 걸어둔 코에 빼뜨기를 하고 실을 당겨 코에서 뺀다. 실을 약 10cm 정도 남기고 자른다.

10 철사를 5~6번 꼬아 남은 꼬리실로 감싼다. 꼬리실을 철사 사이로 넣고 다시 두어 번 꼬아 고정한다.

11 글 도안을 보며 천일홍 큰 잎사귀를 1개 더 만든다.
TIP 작은 잎사귀와 약 1.5cm 정도 차이난다.

------------------------ 천일홍 조합하기 ------------------------

1 반으로 자른 27호 철사를 준비한다. 천일홍 꽃 밑부분에 철사를 끼워넣는다.

2 철사를 두어 번 꼬아 고정한다.

3 잎사귀 실로 꽃 밑부분부터 철사와 꼬리실을 감싼다.

4 8~10cm 정도 철사를 감싸고 철사 사이로 실을 넣는다.

5 그대로 철사를 두어 번 꼬아 고정하고, 꼬리실을 바짝 자른다.

6 18호 철사와 천일홍을 겹쳐 잡는다.

7 천일홍과 작은 잎사귀, 철사 위쪽을 감싸며 고정한다.
TIP 힘을 실어 철사를 감싸야 안정적으로 고정된다.

8 3~4cm 정도 아래 큰 잎사귀도 고정한다.

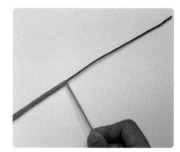

9 원하는 줄기 길이만큼 철사를 실로 감싸고 꼬리실 끝부분은 잘라 본드로 철사에 고정한다. 니퍼로 남은 철사를 자른다.

루스커스

잎사귀만으로도 귀여움 그 자체인 루스커스! 주로 꽃다발을
더욱 풍성하게 만들 때 활용되곤 해요. 꽃다발을 다 만든 후 1% 부족하다 싶으면
루스커스를 한 번 넣어보세요. 꽃다발이 한층 풍성하고 아름다워질 거예요!

난이도

★★☆☆☆

화보 046p

준비물
- 원하는 색상의 뜨개실(잎사귀&줄기 색상-총 1가지 컬러,
  두께 약 2.5mm의 밀키 코튼실 추천)
- 코바늘 5호(3.0mm)
- 철사(줄기-18호 1개, 잎사귀-27호 3개)
- 가위
- 니퍼
- 본드
- 단수링 1개

뜨개 기법 빼뜨기, 이랑빼뜨기, 사슬뜨기, 짧은뜨기, 긴뜨기, 한길긴뜨기

만드는 순서
1. 루스커스 잎사귀 5개를 뜬다.
2. 18호 철사 가장 윗 부분에 잎사귀 실로 잎사귀 1개를 고정한다.
3. 그 밑으로 차례차례 고정한다.
4. 원하는 만큼 철사를 실로 감싼 뒤 끝부분을 본드로 고정한다.
5. 남은 철사는 니퍼로 잘라 마무리한다.

◆ **루스커스 잎사귀(5개 만들기)**

1-1단: 시작코 - 사슬 13코 - (27호 철사 ½ 준비) - 짧은뜨기 1코(첫 코 단수링) - 긴뜨기 3코 - 한길긴뜨기 4코 -
긴뜨기 3코 - 짧은뜨기 1코 - (사슬 2코 - 이랑빼뜨기)

1-2단: 짧은뜨기 1코 - 긴뜨기 3코 - 한길긴뜨기 4코 - 긴뜨기 2코 - 짧은뜨기 1코 - 빼뜨기

루스커스 잎사귀(5개 만들기)

1 시작코(사슬 1코)를 만들고 사
슬 13코를 뜬다.

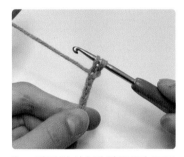

2 바로 옆 사슬에 짧은뜨기 1코를
완성 직전까지 뜬다.

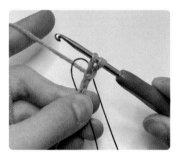

3 반으로 자른 27호 철사를 준비
한다. 철사를 반으로 접어 편물
과 실 사이에 얹는다.

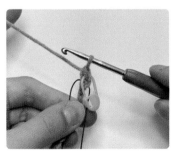

4 짧은뜨기 1코를 완성한 뒤 단수
링을 건다.

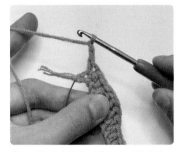

5 이어서 [긴뜨기 3코 - 한길긴뜨
기 4코 - 긴뜨기 3코 - 짧은뜨기
1코 - 사슬 2코]를 뜬다.
TIP 마무리까지 쭉 철사를 안고
뜬다.

6 첫 번째 사슬에 이랑빼뜨기를
한다.

7 꼬리실을 당기면 큰 구멍이 나온다. 해당 구멍의 바로 왼쪽 사슬부터 시작한다.

8 이어서 [짧은뜨기 1코 - 긴뜨기 3코 - 한길긴뜨기 4코 - 긴뜨기 2코 - 짧은뜨기 1코]를 뜬다.

9 단수링을 걸어둔 코에 빼뜨기를 하고 실을 당겨서 코에서 뺀다. 실을 약 10cm 정도 남기고 자른다.

10 잎사귀 모양을 예쁘게 손으로 정리한다.

11 철사를 5~6번 꼬아준다.

12 남은 꼬리실로 꼬아준 철사를 감싸고, 그 사이로 넣는다.

13 철사를 5~6번 꼬아 남은 꼬리실로 감싼다. 꼬리실을 철사 사이로 넣고 다시 두어 번 꼬아준다. 같은 방식으로 잎사귀를 5개 만든다.

1 18호 철사와 잎사귀를 겹쳐 잡
는다.

2 잎사귀 실로 잎사귀와 철사 위
쪽을 감싸며 고정한다.
TIP 힘을 실어 철사를 감싸야 안
정적으로 고정된다.

3 3~4cm 정도 아래 두 번째 잎
사귀를 고정한다.

4 바로 옆에 세 번째 잎사귀를 고
정한다.

5 3~4cm 정도 아래 네 번째 잎
사귀를 고정한다.

6 마지막으로 다섯 번째 잎사귀
를 고정한다.

7 원하는 줄기 길이만큼 철사를
실로 감싼다. 꼬리실 끝부분은
잘라 본드로 철사를 고정한다.
니퍼로 남은 철사를 자른다.

219

튤립 미니 키링

블루밍니트에서 가장 사랑받은 키링, 바로 튤립 미니 키링입니다!

오밀조밀한 미니 튤립들이 모여 너무 사랑스러운 키링으로 완성되었어요.

원하는 색상의 튤립을 만들어 가방에 걸어보세요.

걸어 다닐 때마다 함께 흔들리는 튤립이 정말 사랑스러울 거예요!

난이도

★★★☆☆

화보 **048p**

준비물
- 원하는 색상의 뜨개실(튤립 꽃 색상, 잎사귀&줄기 색상-총 3가지 컬러,
  두께 약 2mm의 마카롱실 추천)
- 코바늘 4호(2.5mm)
- 가위
- 글루건
- 돗바늘
- 단수링 1개
- 열쇠고리 1개+O링 1개

뜨개 기법
매직링, 빼뜨기, 이랑빼뜨기, 사슬뜨기, 짧은뜨기, 짧은뜨기 늘려뜨기, 긴뜨기

만드는 순서
1. 미니 튤립을 각 색상별로 총 2개를 뜬다.
2. 줄기를 뜬다.
3. 길이가 다른 잎사귀 2개를 뜬다.
4. 미니 튤립과 줄기를 이어준다.
5. 글루건을 활용하여 잎사귀를 붙인다.
6. 마지막으로 열쇠고리를 달아 마무리한다.

◆ **미니 튤립(2개 만들기)**

1단(총 6코): 매직링 - 시작코 - 짧은뜨기 6코(첫 코 단수링) - 빼뜨기

2단(총 12코): 기둥사슬 1코 - (짧은뜨기 2코 늘려뜨기)*6(첫 코 단수링) - 빼뜨기

3~5단(총 12코): 기둥사슬 1코 - 짧은뜨기 12코(첫 코 단수링) - 빼뜨기

◆ **줄기(1개 만들기)**

1단: 시작코 - 사슬 30코

◆ **작은 잎사귀(1개 만들기)**

1-1단: 시작코 - 사슬 11코 - 긴뜨기 7코(첫 코 단수링) - 짧은뜨기 3코 - (사슬 1코 - 이랑빼뜨기)

1-2단: 짧은뜨기 2코 - 긴뜨기 7코 - 빼뜨기

◆ **큰 잎사귀(1개 만들기)**

1-1단: 시작코 - 사슬 13코 - 긴뜨기 8코(첫 코 단수링) - 짧은뜨기 4코 - (사슬 1코 - 이랑빼뜨기)

1-2단: 짧은뜨기 3코 - 긴뜨기 8코 - 빼뜨기

미니 튤립(2개 만들기)

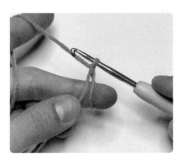

1 매직링을 만들어 시작코(사슬 1코)를 뜬다. 꼬리실은 넉넉히 7~10cm가량 남긴다.

2 매직링에 짧은뜨기 6코를 뜬다.
TIP 첫 번째 짧은뜨기에 단수링을 걸어 표시한다.

3 꼬리실을 당겨 편물을 조이고, 빼뜨기를 한다.

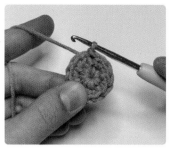  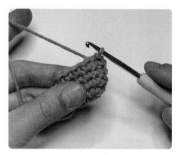

4 2단은 기둥사슬 1코를 올리고 짧은뜨기 2코 늘려뜨기를 총 6번 반복한다. 빼뜨기까지 완료하면 총 12코가 된다.

5 3단은 기둥사슬 1코를 올리고 늘림 없이 짧은뜨기 12코를 뜬다. 빼뜨기로 완료한다.

6 4~5단도 3단과 동일하게 반복한다. 실을 당겨 코에서 빼고 25~30cm 정도 남기고 자른다.

7 같은 방법으로 다른 색상의 미니 튤립을 1개 더 만든다.

(줄기(1개 만들기))

 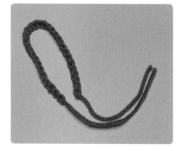

1 잎사귀 실로 꼬리실을 20cm 정도 남기고 사슬 30코를 뜬다.
TIP 코를 빡빡하게 뜨는 게 예쁘다.

2 실을 당겨 코에서 뺀다. 반대편 꼬리실 역시 20cm 정도 남기고 자른다. 양쪽 꼬리실을 각각 당겨 사슬을 단단히 고정한다.

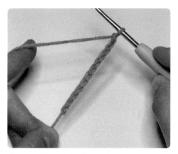

1 작은 잎사귀 먼저 시작한다. 시작코(사슬 1코)를 만들고 사슬 11코를 뜬다.

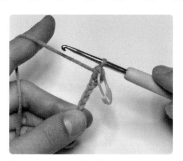

2 바로 옆 사슬에 긴뜨기 1코를 뜨고, 단수링을 건다.

3 옆 코로 넘어가서 [긴뜨기 6코 - 짧은뜨기 3코]를 뜬다.

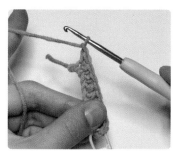

4 사슬 1코를 뜬다.

5 사진을 참고하여 바로 왼쪽 사슬을 찾는다.

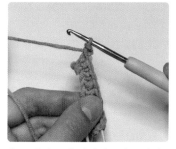

6 해당 코에 이랑빼뜨기를 한다.

7 꼬리실을 당기면 큰 구멍이 나온다. 해당 구멍의 바로 왼쪽 사슬부터 시작한다.

8 이어서 [짧은뜨기 2코 - 긴뜨기 7코]를 뜬다.
TIP 꼬리실은 코바늘 위에 얹어 함께 뜬다.

9 단수링을 걸어둔 코에 빼뜨기를 하고 실을 당겨 코에서 뺀다. 실을 약 7cm 정도 남기고 자른다.

223

10 돗바늘에 꼬리실을 넣고 빼뜨기를 했던 자리에 넣는다.

11 편물을 뒤집어 바로 오른쪽 사슬에 돗바늘을 넣는다.

12 꼬리실을 정리했던 볼록 튀어나온 쪽으로 돗바늘을 넣는다. 남은 꼬리실은 짧게 자른다. 작은 잎사귀 완성.
TIP 잎사귀 앞뒤를 잘 구분한다.

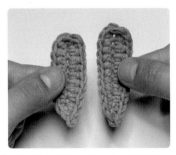

13 글 도안을 보며 큰 잎사귀를 1개 더 만든다.

-------------------------------- 미니 튤립 키링 조합하기 --------------------------------

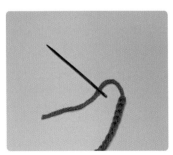

1 돗바늘에 줄기 꼬리실에 넣는다.

2 미니 튤립을 뒤집어 줄기를 매직링으로 통과한다.
TIP 줄기 사슬 1코 정도가 매직링 안으로 들어가는 게 단단하게 고정된다.

3 미니 튤립 매직링 꼬리실과 줄기 꼬리실을 두 번 묶는다.

4 단단하게 고정될 수 있도록 매직링 꼬리실을 줄기 사슬에 두어 번 바느질한다.

5 매직링 꼬리실과 줄기 꼬리실을 다시 두 번 묶는다.

6 이번에는 줄기 꼬리실을 미니 튤립 근처 사슬에 넣어 두어 번 바느질하고 다시 두 번 매듭을 짓는다. 줄기 꼬리실을 짧게 자른다.

7 미니 튤립을 다시 뒤집는다.

8 미니 튤립과 동일한 색상의 실을 검지와 중지 기준 13번 정도 감아 미니 튤립 안에 넣는다.

9 미니 튤립의 꼬리실을 돗바늘에 넣는다.

10 미니 튤립을 모아주기 위해 꼬리실이 있는 반대편으로 돌려 시작한다.
[TIP] 가장 윗 사슬이 아닌, 한 단 아래 돗바늘을 넣어야 예쁘게 모아진다.

11 돗바늘을 그대로 통과한다.

12 한 번 더 통과한다.

13 이번엔 바느질하지 않은 반대쪽으로 돗바늘 방향을 틀어준다. 즉 돗바늘이 중간 사이로 나오게 된다.

14 미니 튤립을 오므려 미리 모양을 잡는다.

15 반대편 역시 한 단 아래 돗바늘을 넣는다.

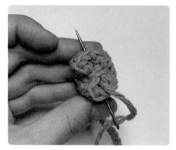

16 반대쪽도 동일하게 두어 번 고정한다.

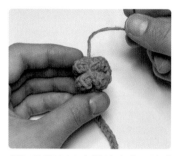

17 위에서 보면 꽃잎이 총 4갈래로 갈라져 있다.

18 더 오므리고 싶은 부분이 있다면 이어서 바느질해 마무리한다.

19 돗바늘을 최대한 멀리 넣고 통과해 남은 꼬리실은 자른다.

20 나머지 미니 튤립도 동일하게 작업한다.

21 튤립 높낮이 위치를 잡는다.
TIP 동일한 위치가 아닌 한쪽을 길게 빼는 게 더 귀엽다.

22 줄기가 맞닿는 부분에 글루건
으로 살짝 고정한다.
TIP 키링이 들어갈만한 공간을 남
긴다.

23 큰 잎사귀 안쪽에 글루건을 바
른다.
TIP 잎사귀 앞뒤를 잘 구분한다.

24 맞닿은 줄기 부분에 잎사귀를
고정한다.
TIP 큰 잎사귀는 미니 튤립이 짧
은 부분에 고정한다.

25 작은 잎사귀를 같은 방법으로
반대편에 고정한다.

26 사이사이 비는 공간에 글루건
을 발라 고정한다.

27 손으로 모양을 잡는다.

28 잎사귀 위쪽의 줄기 빈 공간에
O링을 넣고, O링에 열쇠고리를
건다.

장미 미니 키링

동글동글한 장미와 작고 귀여운 잎사귀가 어우러진 장미 미니 키링입니다.
여러 가지를 조합해야 하는 번거로움이 있지만, 완성하고 나면
작은 사이즈로 형상화된 장미에 한눈에 반하실 거예요. 원하는 컬러를 골라 바로 만들어 보세요!

난이도
★★★★☆
화보 **049p**

준비물
- 원하는 색상의 뜨개실(장미 꽃 색상, 잎사귀&줄기 색상-총 2가지 컬러,
  두께 약 2mm의 마카롱실 or 두께 약 2.0~2.5mm의 밀키 코튼실 추천)
- 코바늘 4호(2.5mm)
- 가위
- 글루건
- 돗바늘
- 단수링 1개
- 열쇠고리 1개+O링 1개

뜨개 기법
매직링, 빼뜨기, 이랑빼뜨기, 사슬뜨기, 이중사슬뜨기, 짧은뜨기, 긴뜨기,
한길긴뜨기 늘려뜨기

만드는 순서
1. 미니 장미꽃을 1개 뜬다.
2. 꽃받침을 1개 뜬다.
3. 줄기, 잎사귀를 각 1개씩 뜬다.
4. 줄기와 잎사귀를 먼저 이어준다.
5. 꽃받침과 줄기를 고정한다.
6. 글루건을 활용하여 미니 장미꽃을 고정한다.
7. 이어서 미니 장미꽃과 꽃받침을 고정한다.
8. 마지막으로 열쇠고리를 달아 마무리한다.

◆ **미니 장미꽃(1개 만들기)**

1단: 시작코 - 사슬 5코(마지막 코 단수링) - 기둥사슬 2코 - 5번째 사슬 코에 한길긴뜨기 5코 늘려뜨기 - (한 코 건너 뛰기 - 한길긴뜨기 6코 늘려뜨기) * 2

2단: 편물 뒤집어 (사슬 2코 - 빼뜨기 5코 - 사슬 2코 - 빼뜨기) * 2 - 사슬 2코 - 빼뜨기 5코

◆ **꽃받침(1개 만들기)**

1단(총 6코): 매직링 - 시작코 - 짧은뜨기 6코(첫 코 단수링) - 빼뜨기

2단: {(사슬 2코 - 이랑빼뜨기) - 빼뜨기} * 6

◆ **줄기(1개 만들기)**

1단: 시작코 - 이중사슬 9코

◆ **잎사귀(1개 만들기)**

1단: 시작코 - 사슬 4코 - 짧은뜨기 1코 - 긴뜨기 2코 - 빼뜨기

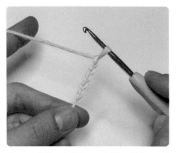

1 시작코(사슬 1코)를 만들고 사슬 5코를 뜬다.

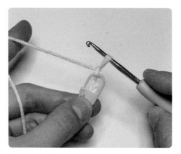

2 코바늘이 걸려 있는 코에 단수링을 건다.

3 기둥사슬 2코를 올린다.

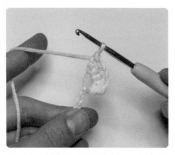

4 단수링을 걸어둔 사슬 코에 한길긴뜨기 5코 늘려뜨기 한다.

5 사진과 같이 표기된 코를 건너뜬다.

6 이어서 한길긴뜨기 6개 늘려뜨기 한다. 5~6번 과정을 1번 더 반복한다.
[TIP] 총 3개의 부채꼴을 확인할 수 있다.

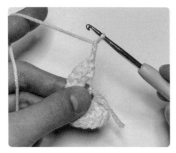

7 편물을 뒤집어 사슬 2코를 뜬다.

8 첫 코에 빼뜨기를 한다.

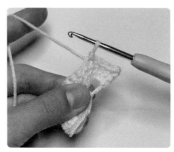

9 옆 코로 넘어가서 순서대로 빼뜨기를 4번 뜬다.

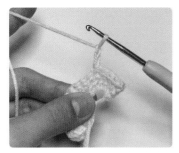

10 사슬 2코를 뜬다.

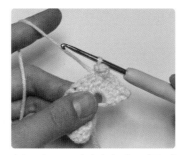

11 옆 코로 넘어가서 빼뜨기를 한다.

12 [사슬 2코 - 빼뜨기 5코 - 사슬 2코 - 빼뜨기]를 1번 더 반복한다

13 옆 코로 이동하여 [사슬 2코 - 빼뜨기 5코]를 뜬다. 실을 당겨 코에서 빼고 짧게 자른다.

14 글루건으로 미니 장미꽃을 고정한다.
TIP 어느쪽부터 시작하든 상관없으나 꼬리실이 꼭 아래로 가도록 한다.

15 어느 한곳이 튀어나오지 않도록 평평하게 말아준다.
TIP 말면서 튀어나오는 꼬리실은 밑으로 모은다.

16 모양을 다 잡았으면 글루건으로 사이사이 잘 고정한다.

17 꼬리실은 두어 번 매듭을 짓고 짧게 자른다.

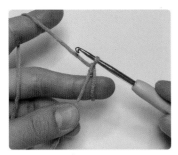

1 매직링을 만들어 시작코(사슬 1
코)를 뜬다.

2 매직링에 짧은뜨기 6코를 뜬다.
TIP 첫 번째 짧은뜨기에 단수링
을 걸어 표시한다.

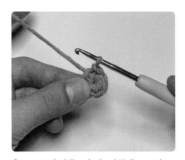

3 꼬리실을 당겨 편물을 조이고,
빼뜨기를 한다.

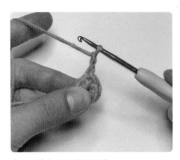

4 사슬 2코를 뜬다.

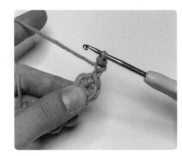

5 바로 옆 사슬에 이랑빼뜨기를
한다.

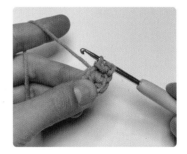

6 옆 코로 넘어가서 빼뜨기한다.

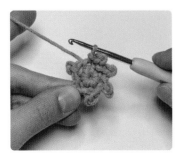

7 4~6번 과정을 5번 더 반복한
다. 실을 당겨 코에서 빼고 7cm
정도 남기고 자른다.

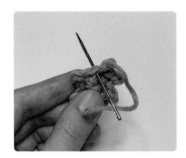

8 돗바늘에 꼬리실을 넣고, 빼뜨
기를 했던 코에 넣는다.

9 편물을 뒤집어 매직링 꼬리실
이 있는 쪽으로 바느질한다. 이
후 꼬리실끼리 두어 번 매듭을
짓는다.

줄기(1개 만들기)

1 시작하기 전 약 25~30cm 여분의 실을 남긴다. 시작코(사슬 1코)를 만들고 이중사슬 9코를 뜬다.
TIP 코바늘 기초 308p를 참고한다.

2 실을 당겨 코에서 뺀다. 실을 10~15cm 정도 남기고 자른다.

3 꼬리실끼리 매듭을 짓는다.

잎사귀(1개 만들기)

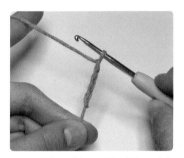

1 시작코(사슬 1코)를 만들고 사슬 4코를 뜬다. 꼬리실은 10~15cm 정도 남긴다.

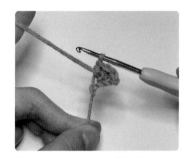

2 옆 코로 넘어가서 [짧은뜨기 1코 - 긴뜨기 2코]를 뜬다.

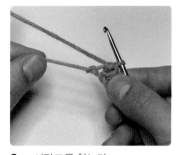

3 시작코를 찾는다.
TIP 시작코는 일반적으로 사용하지 않지만, 미니 장미 잎사귀의 경우 깔끔하게 조합되도록 예외적으로 시작코도 포함하여 뜬다.

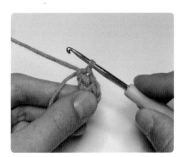

4 시작코에 빼뜨기를 하고 실을 당겨 코에서 뺀다. 실을 약 10~15cm 정도 남기고 자른다.

5 꼬리실끼리 매듭을 짓는다.

1 줄기의 위에서 세 번째 사슬에 잎사귀를 고정한다. 잎사귀 모양을 미리 잘 기억한다.

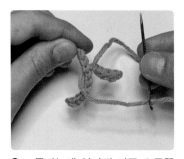

2 돗바늘에 잎사귀 기준 오른쪽 꼬리실을 넣고, 세번째 사슬에 바느질한다.

3 잎사귀 반대편 꼬리실도 바느질한다.

4 2번 과정에서 바느질했던 꼬리실에 다시 돗바늘을 넣고, 사진과 같이 잎사귀 오른쪽 사슬에 넣는다.

5 사진을 참고하여 바로 윗 사슬에 돗바늘을 넣는다.

6 6번과 동일하게 바로 윗 사슬에 돗바늘을 넣는다.

7 가장 위까지 바느질해서 올라온 꼬리실은 기존의 줄기 꼬리실 중 하나와 두어 번 매듭을 짓는다.

8 반대편도 동일하게 반복한다. 3번에서 바느질했던 꼬리실에 다시 돗바늘을 넣는다.

9 잎사귀 왼쪽 사슬에 넣는다.

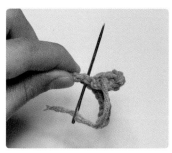

10 사진을 참고하여 바로 윗 사슬
에 돗바늘을 넣는다.

11 11번과 동일하게 바로 윗 사슬
에 돗바늘을 넣는다.

12 기존의 줄기 꼬리실 중 하나와
두어 번 매듭을 짓는다.

13 4개의 꼬리실 중 3개를 짧게
자른다.

꽃받침&줄기 조합하기

1 남은 줄기 꼬리실 1개를 돗바늘
에 넣어 꽃받침 매직링 안으로
넣는다.

2 이중사슬 1개 정도의 높이만큼
줄기를 꽃받침 안으로 넣는다.

3 꽃받침을 뒤집으면 사진과 같
이 확인할 수 있다.

4 꽃받침 꼬리실 아무거나 1개와 줄기에 이어진 꼬리실을 두어 번 매듭을 짓는다. 이후 꼬리실 을 짧게 자른다.

5 꽃받침을 다시 뒤집는다.

미니 장미 키링 조합하기

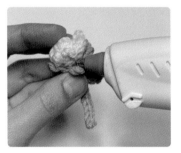

1 꽃받침 안쪽면에 글루건을 바 른다.

2 꽃받침과 장미를 고정한다.
TIP 힘을 실어 강하게 눌러야 꽃 받침 안에 장미가 잘 고정된다.

3 사이사이 비는 공간에 꼼꼼히 글루건 작업을 한다.

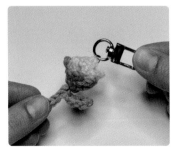

4 미니 장미꽃 위쪽에 O링을 달 고, O링에 열쇠고리를 건다.

벚꽃 미니 키링

봄의 따스한 기운을 담은 벚꽃 미니 키링,
나만의 벚꽃을 만들어 가방에 달아보세요. 매일매일 봄을 만끽할 수 있을 거예요!

난이도
★★★☆☆
화보 **050p**

준비물
- 원하는 색상의 뜨개실(벚꽃 색상, 벚꽃 꽃술 색상, 잎사귀 색상-총 3가지 컬러,
  두께 약 2mm의 마카롱실 or 두께 약 2.5mm의 밀키 코튼실 추천)
- 코바늘 4호(2.5mm)
- 가위
- 글루건
- 돗바늘
- 단수링 1개

뜨개 기법
매직링, 빼뜨기, 이랑빼뜨기, 사슬뜨기, 짧은뜨기, 한길긴뜨기, 두길긴뜨기

만드는 순서
1. 벚꽃을 1개 뜬다.
2. 벚꽃 고리를 1개 뜬다.
3. 벚꽃 뒷부분을 1개 뜬다.
4. 잎사귀를 1개 뜬다.
5. 벚꽃 고리에 잎사귀를 먼저 끼워넣는다.
6. 돗바늘에 벚꽃 고리 꼬리실을 넣어 벚꽃 꽃술을 만든다.
7. 벚꽃 뒷부분을 글루건으로 고정한다.

◆ 미니 벚꽃(1개 만들기)

1단: 매직링 - 시작코 - 짧은뜨기 5코(첫 코 단수링) - 빼뜨기

2단: {(사슬 2코, 한길긴뜨기 1코, 두길긴뜨기 1코, 사슬 2코) - 빼뜨기}∗5(다음 코 이동하지 않고 바로 시작)

◆ 고리(1개 만들기)

1단: 시작코 - 사슬 35코

◆ 벚꽃 뒷부분 (1개 만들기)

1단: 매직링 - 시작코 - 짧은뜨기 8코(첫 코 단수링) - 빼뜨기

◆ 잎사귀 (1개 만들기)

1-1단: 시작코 - 사슬 5코 - 이랑빼뜨기(단수링) - 짧은뜨기 3코 - 사슬 1코

1-2단: 짧은뜨기 3코 - 빼뜨기 - 사슬 5코

1 매직링을 만들고 시작코(사슬 1코)를 뜬다. 꼬리실은 7~10cm 가량 남긴다.

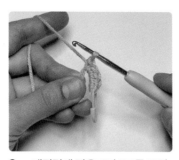

2 매직링에 짧은뜨기 5코를 뜬다. TIP 첫 번째 짧은뜨기에 단수링을 걸어 표시한다.

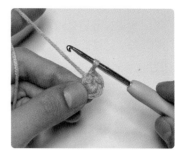

3 꼬리실을 당겨 편물을 조이고 빼뜨기를 한다.

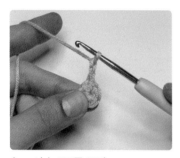

4 사슬 2코를 뜬다.

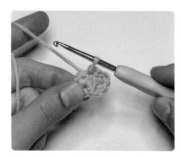

5 같은 코에 (한길긴뜨기 1코, 두길긴뜨기 1코, 사슬 2코)를 뜬다.

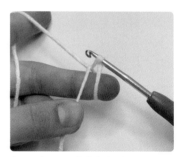

6 옆 코로 넘어가서 빼뜨기한다.

7 4~6번 과정을 4번 더 반복한다. 실을 당겨 코에서 빼고 약 7~10cm가량 남기고 자른다.
TIP 중간중간 꼬리실을 당겨 편물을 조인다. 미니 벚꽃은 반복 구간에서 다음 코로 이동하지 않는다. 즉, 마지막 빼뜨기한 코에서 바로 반복 구간을 시작한다.

8 돗바늘에 빼뜨기로 마무리한 꼬리실을 넣어 꽃 뒷편으로 보낸다.
TIP 매직링과 이어진 꼬리실과 마지막으로 빼뜨기로 마무리한 꼬리실을 잘 구분한다.

9 이어서 시계 반방향으로 꼬리실을 넣으며 정리한다.

10 매직링 꼬리실 역시 돗바늘에 넣어 시계 방향으로 꼬리실을 넣어 정리한다. 꼬리실은 모두 짧게 자른다.

고리(1개 만들기)

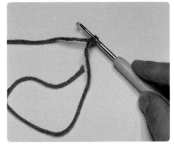

1 잎사귀 실로 꼬리실을 20cm 정도 남기고 사슬 35코를 뜬다.
TIP 코를 빡빡하게 뜨는 게 예쁘다.

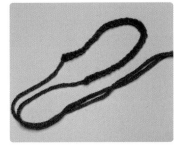

2 실을 당겨 코에서 뺀다. 반대편 꼬리실 역시 20cm 정도 남기고 자른다. 양쪽 꼬리실을 각각 당겨 사슬이 단단히 고정되도록 조인다.

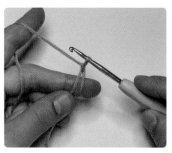

1 매직링을 만들어 시작코(사슬 1 코)를 뜬다. 꼬리실은 7~10cm 가량 남긴다.

2 매직링에 짧은뜨기 8코를 뜬다. [TIP] 첫 번째 짧은뜨기에 단수링 을 걸어 표시한다.

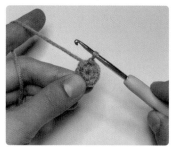

3 꼬리실을 당겨 편물을 조이고 빼뜨기를 하고 실을 당겨 코에 서 뺀다. 실을 7cm 정도 남기고 자른다.

4 돗바늘에 꼬리실을 끼운 뒤 빼 뜨기를 했던 코에 넣어 통과한 다.

5 꼬리실끼리 매듭을 두어 번 짓 고 짧게 자른다.

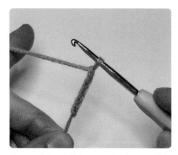

1 시작코(사슬 1코)를 만들고 사슬 5코를 뜬다. 꼬리실은 10~15cm 정도 남긴다.

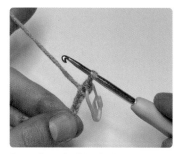

2 바로 옆 사슬에 이랑빼뜨기 한 뒤 단수링을 건다.

3 이어서 짧은뜨기 3코를 뜬다.

4 사슬 1코를 뜬다.

5 꼬리실을 당기면 큰 구멍이 나온다. 해당 구멍의 바로 왼쪽 사슬부터 시작한다.

TIP 꼬리실은 코바늘 위에 얹어 함께 뜬다.

6 이어서 짧은뜨기 3코를 뜬다.

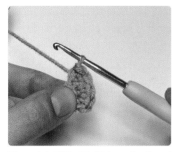

7 단수링을 걸어둔 코에 빼뜨기를 한다.

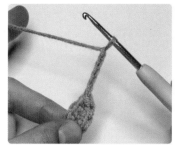

8 사슬 5코를 뜨고 뜨고 실을 당겨 코에서 뺀다. 실을 약 10~15cm 정도 남기고 자른다.

9 돗바늘로 꼬리실을 정리한다. 편물 뒷쪽에서 사진과 같이 바로 왼쪽 사슬에 돗바늘을 넣는다.

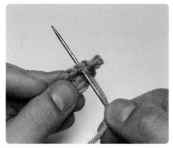

10 편물 앞쪽으로 뒤집는다. 사진과 같이 바로 왼쪽 사슬에 돗바늘을 넣는다.

11 10번과 동일하게 1번 더 돗바늘을 넣는다.

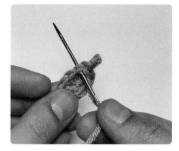

12 11번과 동일하게 1번 더 돗바늘을 넣는다.

13 꼬리실을 정리한 볼록 튀어나 온 쪽으로 돗바늘을 넣는다.

14 잎사귀 고리가 완성되었다.
TIP 잎사귀 앞뒤를 잘 구분한다.

--------------------------- 미니 벚꽃 키링 조합하기 ---------------------------

1 사진과 같이 잎사귀가 앞으로 보이도록 고리 안에 넣는다.
TIP 돗바늘을 활용해 넣으면 편 하다.

2 돗바늘에 고리 한쪽 꼬리실을 넣고 미니 벚꽃 뒷쪽 매직링으 로 통과한다.

3 꼬리실을 다 넣지 않고 사진과 같이 조금의 여분은 남긴다.

4 다시 미니 벚꽃을 앞쪽으로 뒤 집어 꽃잎의 가운데 부분에 넣 어 꽃술을 만든다. 어느 곳에서 시작하든 상관없다.

5 다시 매직링으로 넣고, 바느질 해 준 꽃술의 왼쪽 하단 부분에 또 다시 바느질을 한다.

6 꽃잎 2개도 4~5번 과정을 반복 한다.

7 다시 미니 벚꽃을 뒤쪽으로 뒤집는다. 바느질해 준 꽃술 뒷편으로 돗바늘을 넣어 꼬리실을 정리하고 짧게 자른다.

8 반대편 고리의 꼬리실을 돗바늘에 넣어 매직링으로 다시 넣는다.

9 다시 미니 벚꽃을 앞쪽으로 뒤집는다. 남은 꽃잎 2개도 5~6번 과정을 참고하여 반복한다.

10 7~8번 과정을 반복한다.

11 미니 벚꽃 뒷쪽 부분에 글루건을 조금 바른다.

12 뒷부분 편물을 붙여 고정한다.

해바라기 미니 키링

동글동글했던 해바라기 꽃 도안과는 다르게 미니 키링은 꽃잎을 샤프하게 표현해 보았어요.

자그마한 잎사귀도 함께 달아주어 귀여움도 두 배랍니다.

다른 꽃들보다 큼직한 크기를 자랑하는 해바라기 미니 키링은,

선물로 주기에도 정말 좋은 아이템으로 추천해 드려요!

난이도
★★★☆☆
화보 **051p**

준비물
- 원하는 색상의 뜨개실(해바라기 꽃 색상, 해바라기 몸통 색상, 잎사귀 색상-총 3가지 컬러, 두께 약 2mm의 마카롱실 추천)
- 코바늘 4호(2.5mm)
- 솜
- 가위
- 돗바늘
- 단수링 4개
- 열쇠고리 1개+O링 2개

뜨개 기법
매직링, 빼뜨기, 이랑빼뜨기, V코 빼뜨기, 사슬뜨기, 짧은뜨기, 짧은뜨기 늘려뜨기, 한길긴뜨기, 두길긴뜨기, 세길긴뜨기

만드는 순서
1. 해바라기 몸통 앞면, 뒷면 각 1개씩 뜬다.
2. 몸통의 앞면과 뒷면을 함께 이어가며 꽃을 뜬다.
3. 잎사귀 1개를 뜬다.
4. 마지막으로 열쇠고리를 달아 마무리한다.

◆ 미니 해바라기 몸통 앞면&뒷면(2개 만들기)

1단(총 6코): 매직링 - 시작코 - 짧은뜨기 6코(첫 코 단수링) - 빼뜨기

2단(총 12코): 기둥사슬 1코 - (짧은뜨기 2코 늘려뜨기)＊6(첫 코 단수링) - 빼뜨기

3단(총 18코): 기둥사슬 1코 - (짧은뜨기 1코 - 짧은뜨기 2코 늘려뜨기)＊6(첫 코 단수링) - 빼뜨기

4단(총 24코): 기둥사슬 1코 - (짧은뜨기 2코 - 짧은뜨기 2코 늘려뜨기)＊6(첫 코 단수링) - 빼뜨기

◆ 꽃(1개 만들기)

1단: {(기둥사슬 1코, 짧은뜨기 1코, 한길긴뜨기 1코) - (두길긴뜨기 1코, 세길긴뜨기 1코, 사슬 1코, V코 빼뜨기, 두길긴뜨기 1코) - (한길긴뜨기 1코, 짧은뜨기 1코) - 빼뜨기}＊8(다음 코 이동하지 않고 바로 시작)

◆ 잎사귀 (1개 만들기)

1-1단: 시작코 - 사슬 8코 - 짧은뜨기 2코 - 한길긴뜨기 3코 - 짧은뜨기 1코 - (짧은뜨기 1코 - 사슬 1코 - 이랑빼뜨기)

1-2단: 짧은뜨기 1코 - 한길긴뜨기 3코 - 짧은뜨기 2코 - 빼뜨기

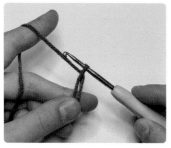

1 매직링을 만들어 시작코(사슬 1
코)를 뜬다.

2 매직링에 짧은뜨기 6코를 뜬다.
TIP 첫 번째 짧은뜨기에 단수링
을 걸어 표시한다.

2 꼬리실을 당겨 편물을 조이고
빼뜨기를 한다.

4 2단은 사슬 1개당 짧은뜨기 2코
늘려뜨기를 한다. 빼뜨기까지
완료하면 2단은 총 12코가 된
다.
TIP 2~6단을 시작할 때 기둥사슬
1코는 필수로 세운다.

5 3단은 [짧은뜨기 1코 - 짧은뜨
기 2코 늘려뜨기]를 총 6번 반
복한다. 빼뜨기까지 완료하면
3단은 총 18코가 된다.

6 4단은 [짧은뜨기 2코 - 짧은뜨
기 2코 늘려뜨기]를 총 6번 반
복한다. 빼뜨기까지 완료하면
4단은 총 24코가 된다. 실을 당
겨 코에서 빼고, 7cm 정도 남기
고 자른다.

7 돗바늘에 꼬리실을 끼운 뒤 빼
뜨기를 했던 코에 넣어 통과한
다.
TIP 빼뜨기한 공간이 헷갈린다면
양옆으로 단수링으로 표시한다.

8 같은 방법으로 해바라기 몸통
을 2개 만든다.

1 해바라기 몸통 앞면과 뒷면을 겹쳐 시작한다. 어느 곳에서 시작하든 상관없다.

2 앞면, 뒷면 사슬에 코바늘을 넣어 해바라기 꽃 실을 끌어온다.

3 고리에 코바늘이 걸린 것을 확인한다.

4 기둥사슬 1코를 올린다.

5 짧은뜨기 1코를 뜬다.
TIP 꼬리실은 코바늘 위에 얹어 함께 뜬다.

6 같은 코에 한길긴뜨기 1코를 뜬 뒤 꼬리실은 편물 안에 넣는다.

7 옆 코로 넘어가서 같은 코에 (두 길긴뜨기 1코, 세길긴뜨기 1코)를 뜬다.

8 사슬 1코를 뜨고, 사진과 같이 V코를 찾는다.

9 해당 V코에 빼뜨기를 한다.

10 같은 코에 두길긴뜨기 1코 뜬다.

11 옆 코로 넘어가서 같은 코에 (한길긴뜨기 1코, 짧은뜨기 1코)를 뜬다. 첫 번째 꽃잎 완성.

12 옆 코로 넘어가서 빼뜨기를 한다. 4~12번 과정을 7번 더 반복한다.

TIP 미니 해바라기는 반복 구간에서 다음 코로 이동하지 않는다. 즉, 마지막 빼뜨기한 코에서 바로 반복 구간을 시작한다.

13 꽃잎을 6개 정도 만들고 몸통 안에 솜을 넉넉히 채운다.

14 첫 코에 마지막 빼뜨기를 하고 실을 당겨 코에서 뺀다. 실을 약 10cm 정도 남기고 자른다.

15 돗바늘에 꼬리실을 넣고 빼뜨기 했던 코에 넣는다.

16 편물을 뒤집어 사진과 같이 꼬리실을 정리한다. 남은 꼬리실은 짧게 자른다.

17 편물을 뒤집어 해바라기 꽃잎을 예쁘게 정리한다.

1 시작코(사슬 1코)를 만들고 사슬 8코를 뜬다. 꼬리실은 10~15cm 정도 남긴다.

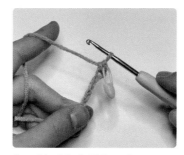

2 옆 사슬에 짧은뜨기 1코 뜨고 단수링을 건다.

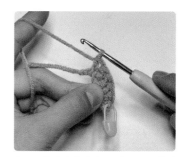

3 이어서 [짧은뜨기 1코 - 한길 긴뜨기 3코 - 짧은뜨기 1코]를 뜬다.

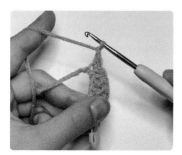

4 옆 코로 넘어가서 [짧은뜨기 1 코 - 사슬 1코]를 뜬다.

5 사진을 참고하여 바로 왼쪽 사슬을 찾는다.

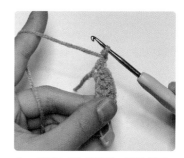

6 해당 코에 이랑빼뜨기를 한다.

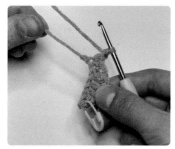

7 꼬리실을 당기면 큰 구멍이 나온다. 해당 구멍의 바로 왼쪽 사슬부터 시작한다.
TIP 꼬리실은 코바늘 위에 얹어 함께 뜬다.

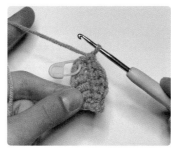

8 이어서 [짧은뜨기 1코 - 한길 긴뜨기 3코 - 짧은뜨기 2코]를 뜬다.

9 단수링을 걸어둔 코에 빼뜨기를 하고 실을 당겨 코에서 빼고 약 7cm 정도 남기고 자른다.

251

10 돗바늘로 꼬리실을 정리한다. 우선 빼뜨기를 했던 자리에 돗바늘을 넣는다.

11 편물을 뒤로 뒤집는다. 꼬리실을 정리했던 볼록 튀어나온 쪽으로 돗바늘을 넣는다. 남은 꼬리실은 자른다.

12 잎사귀를 뒤집는다.

해바라기 조합하기

1 열쇠고리와 O링 1개를 준비한다.

2 사진과 같이 해바라기 꽃잎 위쪽에 O링을 넣고 열쇠고리를 걸어준다.

3 잎사귀와 함께 O링으로 달아준다.
TIP 잎사귀 앞뒤를 잘 구분한다.

물망초 미니 키링

푸른빛의 신비로운 매력을 품은 물망초 미니 키링은 누구나 쉽게 만들 수 있어
선물용으로 좋아요! 반짝이는 원석과 원하는 색상의 나비 키링을 함께 더하면,
한층 더 신비롭고 특별한 느낌을 완성할 수 있답니다.

난이도

★☆☆☆☆

화보 052p

준비물
- 원하는 색상의 뜨개실(물망초 꽃 색상, 물망초 꽃술 색상-총 2가지 컬러,
  두께 약 2mm의 마카롱실 or 두께 약 2.5mm의 밀키 코튼실 추천)
- 코바늘 4호(2.5mm)
- 가위
- 돗바늘
- 단수링 1개
- 열쇠고리 1개+O링 1개

뜨개 기법 매직링, 빼뜨기, 사슬뜨기, 짧은뜨기, 한길긴뜨기, 두길긴뜨기

만드는 순서 1. 물망초 꽃술을 뜨고, 이어서 꽃잎을 뜬다.
2. 마지막으로 열쇠고리를 달아 마무리한다.

◆ **미니 물망초 꽃술&꽃잎(1개 만들기)**

[꽃술]

1단: 매직링 - 시작코 - 짧은뜨기 5코(첫 코 단수링) - 빼뜨기

[꽃잎]

2단: {(사슬 2코, 한길긴뜨기 1코, 두길긴뜨기 1코, 한길긴뜨기 1코, 사슬 1코, 빼뜨기) - 빼뜨기}*5(다음 코 이동하지 않고 바로 시작)

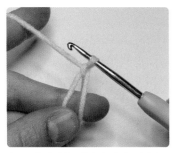

1 매직링을 만들어 시작코(사슬 1 코)를 뜬다. 꼬리실은 7~10cm 가량 남긴다.

2 매직링에 짧은뜨기 5코를 뜬다. TIP 첫 번째 짧은뜨기에 단수링 을 걸어 표시한다.

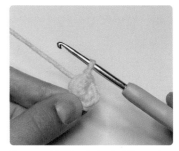

3 꼬리실을 당겨 편물을 조이고 빼뜨기를 하고 실을 당겨 코에 서 뺀다. 실을 약 7~10cm 가량 남기고 자른다.

4 빼뜨기로 마무리한 꼬리실은 돗바늘에 넣어 꽃 뒷편으로 보 낸다.

5 아무 사슬이나 바늘을 넣어 물 망초 꽃 실을 끌어온다.

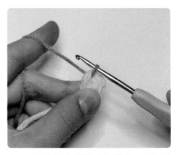

6 고리에 코바늘이 걸린 것을 확 인한다.

7 사슬 2코를 뜬다.

8 이어서 같은 코에 (한길긴뜨기 1코, 두길긴뜨기 1코, 한길긴뜨 기 1코, 사슬 1코, 빼뜨기)를 한 다. TIP 꽃술, 꽃 꼬리실 모두 코바늘 위에 얹어 함께 뜬다.

9 옆 코로 넘어가서 한 번 더 빼 뜨기를 한다.

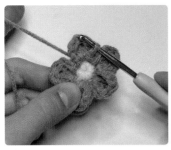

10 7~9번 과정을 4번 더 반복한다.
 [TIP] 미니 물망초는 반복 구간에
 서 다음 코로 이동하지 않는다. 즉,
 마지막 빼뜨기한 코에서 바로 반
 복 구간을 시작한다.

11 실을 당겨 코에서 빼고 약 5cm
 정도 남기고 자른다. 돗바늘에
 넣어 꽃 뒷편으로 보낸다.

12 편물을 뒤집어 사진과 같이 꼬
 리실을 정리한다. 남은 꼬리실
 은 짧게 자른다.

물망초 조합하기

1 이미지와 같이 물망초 꽃잎 위
 쪽에 O링을 넣는다.

2 O링에 열쇠고리를 건다.

은방울꽃 미니 키링

작은 크기에도 그 우아한 매력을 가득 담은 은방울꽃 미니 키링,
하나하나 섬세하게 표현된 꽃잎과 은은하게 빛나는 모습이 정말 사랑스럽답니다.
소중한 사람에게 선물하면, 그 마음을 그대로 전할 수 있을 거예요.

난이도
★★★☆☆
화보 053p

준비물
- 원하는 색상의 뜨개실(은방울꽃 색상, 잎사귀 색상, 꽃술 색상-총 3가지 컬러,
  두께 약 2mm의 마카롱실 or 두께 약 2.5mm의 밀키 코튼실 추천)
- 코바늘 4호(2.5mm)
- 가위
- 돗바늘
- 단수링 3개

뜨개 기법
매직링, 빼뜨기, 이랑빼뜨기, 사슬뜨기, 짧은뜨기, 짧은뜨기 늘려뜨기, 짧은뜨기 줄여뜨기,
긴뜨기, 한길긴뜨기, 한길긴뜨기 늘려뜨기

만드는 순서
1. 고리를 1개 만든다.
2. 잎사귀를 1개 만든다.
3. 잎사귀에 고리에 끼워 넣는다.
4. 미니 은방울꽃 2개를 만든다.
5. 고리에 미니 은방울꽃을 연결한다.
6. 미니 은방울꽃의 꽃술 2개를 만든다.
7. 꽃술을 각각 은방울꽃 안쪽에 고정한다.

◈ 고리(1개 만들기)

1단: 시작코 - 사슬 35코

◈ 잎사귀(1개 만들기)

1단: 시작코 - 사슬 14코 - 짧은뜨기 1코(단수링) - 긴뜨기 1코 - 한길긴뜨기 2코 - 긴뜨기 1코 - 짧은뜨기 1코 - 이랑빼뜨기(단수링) - 짧은뜨기 1코 - 긴뜨기 1코 - 한길긴뜨기 2코 - 긴뜨기 1코 - 짧은뜨기 2코 늘려뜨 - (사슬 1코 - 이랑빼뜨기)

2단: 긴뜨기 1코 - 한길긴뜨기 2코 - 긴뜨기 1코 - 짧은뜨기 1코 - 이랑빼뜨기(단수링) - 짧은뜨기 1코 - 긴뜨기 1코 - 한길긴뜨기 2코 - 긴뜨기 1코 - 짧은뜨기 1코 - (사슬 1코 - 이랑빼뜨기) - 빼뜨기

◈ 미니 은방울꽃(2개 만들기)

1단(총 5코): 매직링 - 시작코 - 짧은뜨기 5코(첫 코 단수링) - 빼뜨기

2단(총 10코): 기둥사슬 1코 - (짧은뜨기 2코 늘려뜨기)＊5(첫 코 단수링) - 빼뜨기

3단(총 15코): 기둥사슬 1코 - (짧은뜨기 1코 - 짧은뜨기 2코 늘려뜨기)＊5(첫 코 단수링) - 빼뜨기

4단(총 15코): 기둥사슬 1코 - 짧은뜨기 15코(첫 코 단수링) - 빼뜨기

5단(총 10코): 기둥사슬 1코 - (짧은뜨기 1코 - 짧은뜨기 2코 줄여뜨기)＊5(첫 코 단수링) - 빼뜨기

6단: 기둥사슬 1코 - {(긴뜨기 1코(단수링), 한길긴뜨기 2코 늘려뜨기, 긴뜨기 1코) - 빼뜨기}＊5 - 빼뜨기

◈ 미니 은방울꽃 꽃술(1개 만들기)

1단: (사슬 6코 - 이랑빼뜨기 5 - 빼뜨기)＊3

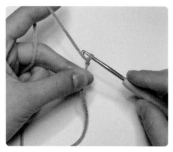

1 잎사귀 실로 꼬리실을 15cm 정도 남기고 사슬 35코를 뜬다.

2 실을 당겨 코에서 뺀다. 반대편 꼬리실 역시 15cm 정도 남기고 자른다. 양쪽 꼬리실을 각각 당겨 사슬을 단단히 고정한다.

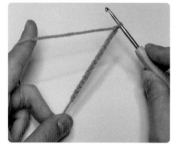

1 시작코(사슬 1코)를 만들고 사슬 14개를 뜬다. 꼬리실은 10cm 정도 넉넉히 남긴다.

2 옆 사슬에 짧은뜨기 1코 뜨고 단수링을 건다.

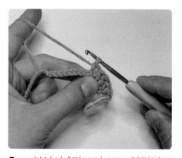

3 이어서 [긴뜨기 1코 - 한길긴뜨기 2코 - 긴뜨기 1코 - 짧은뜨기 1코]를 뜬다.

4 옆 코에 이랑빼뜨기를 하고 단수링을 건다.

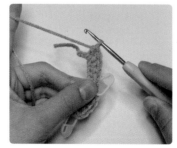

5 이어서 [짧은뜨기 1코 - 긴뜨기 1코 - 한길긴뜨기 2코 - 긴뜨기 1코]를 뜬다.

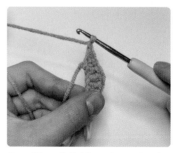

6 옆 코에 [짧은뜨기 2코 늘려뜨기 - 사슬 1코]를 뜬다.

7 사진을 참고하여 바로 왼쪽 사슬을 찾는다.

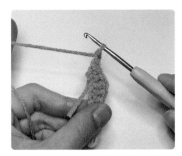

8 해당 코에 이랑빼뜨기를 한다.

9 꼬리실을 당기면 큰 구멍이 나온다. 해당 구멍의 바로 왼쪽 사슬부터 시작한다.
TIP 꼬리실은 코바늘 위에 얹어 함께 뜬다.

10 이어서 [긴뜨기 1코 - 한길긴뜨기 2코 - 긴뜨기 1코 - 짧은뜨기 1코]를 뜬다.

11 옆 코에 이랑빼뜨기를 하고 단수링을 건다.

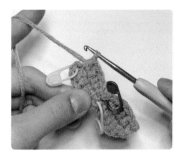

12 이어서 [짧은뜨기 1코 - 긴뜨기 1코 - 한길긴뜨기 2코 - 긴뜨기 1코]를 뜬다.

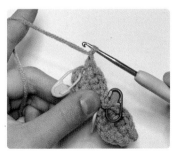

13 옆 코에 [짧은뜨기 1코 - 사슬 1코]를 뜬다.

14 7~8번 과정을 참고하여 이랑빼뜨기를 한다.

15 단수링을 걸어둔 코에 빼뜨기를 하고 실을 당겨 코에서 뺀다. 실을 약 7cm 정도 남기고 자른다.

16 돗바늘로 꼬리실 정리한다. 먼저 빼뜨기를 했던 자리에 돗바늘을 넣는다.

17 편물을 뒤집어 꼬리실을 정리했던 볼록 튀어나온 쪽으로 돗바늘을 반 정도 넣는다. 남은 꼬리실은 짧게 자른다.

18 잎사귀를 뒤집는다. 양쪽 끝이 살짝 올라간 방향이 앞면이다.

19 고리 꼬리실 한쪽을 돗바늘에 넣고, 단수링을 걸어둔 사슬 두 곳에 넣는다.

20 줄기의 ⅓ 정도 당긴다.

21 다른 한쪽 고리도 단수링을 걸어둔 사슬에 넣는다. 단수링을 모두 뺀다.

-------- **미니 은방울꽃(2개 만들기)** --------

1 매직링을 만들어 시작코(사슬 1코)를 뜬다.

2 매직링에 짧은뜨기 5코를 뜬다.
[TIP] 첫 번째 짧은뜨기에 단수링을 걸어 표시한다.

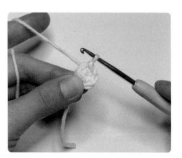

3 꼬리실을 당겨 편물을 조이고 빼뜨기를 한다.

4 2단은 짧은뜨기 2코 늘려뜨기를 총 5번 반복한다. 빼뜨기까지 완료하면 총 10코가 된다.
[TIP] 2~6단을 시작할 때 기둥사슬 1코는 필수로 세운다.

5 3단은 [짧은뜨기 1코 -짧은뜨기 2코 늘려뜨기]를 총 5번 반복한다. 빼뜨기까지 완료하면 총 15코가 된다.

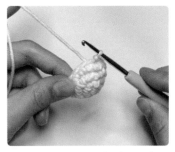

6 4단은 늘림 없이 짧은뜨기 15코를 뜬다. 빼뜨기로 완료한다.

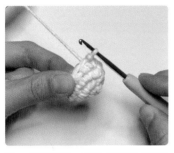

7 5단부터는 단을 줄인다. [짧은뜨기 1코 -짧은뜨기 2코 줄여뜨기]를 총 5번 반복한다. 빼뜨기까지 완료하면 총 10코가 된다.

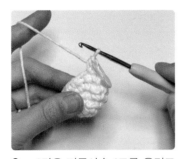

8 6단은 기둥사슬 1코를 올리고 첫 코에 긴뜨기 1코를 뜨고 단수링을 건다.

9 같은 코에 (한길긴뜨기 2코 늘려뜨기, 긴뜨기 1코)를 뜬다.

10 옆 코로 넘어가서 빼뜨기를 한다.

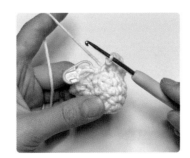

11 8~11번 과정을 4번 더 반복한다.

12 단수링을 걸어둔 코에 빼뜨기를 하고 실을 당겨 코에서 뺀다. 실을 약 10cm 정도 남기고 자른다.

13 돗바늘에 꼬리실을 넣고 빼뜨기한 곳으로 넣는다.

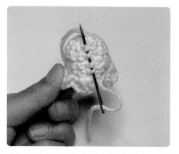

14 편물을 뒤집어 매직링의 꼬리실이 있는 곳으로 바느질한다. 돗바늘을 어느 곳에 넣어도 상관없다.

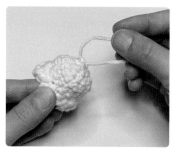

15 꼬리실끼리 매듭을 두어 번 짓고 짧게 자른다. 다음 작업을 위해 편물을 뒤집지 않는다.

고리&미니 은방울꽃 조합하기

1 미리 만들어 둔 고리의 한쪽 꼬리실에 돗바늘을 끼운다.

2 사진과 같이 돗바늘을 은방울꽃 안쪽으로 넣어 꼬리실을 뺀다. 이때, 사슬 한 개 정도 보이도록 뺀다.

꽃술

1 매직링 바깥으로 삐져나온 사슬 1코를 찾아 바늘을 넣는다.

2 사슬 안쪽으로 꽃술 실을 끌어온다.

3 고리에 코바늘이 걸린 것을 확인한다.

4 사슬 6코를 뜬다.

5 이어서 이랑빼뜨기를 5번 반복한다.

6 마지막 빼뜨기는 1번에서 시작한 사슬에 한다.

7 4~6번 과정을 2번 더 반복한다. 실을 당겨 코에서 빼고 약 8cm 남기고 자른다.
TIP 꽃술이 총 3개 만들어진다.

8 꽃술 꼬리실 1개와 고리 꼬리실 1개를 두어 번 매듭을 짓는다.

9 남은 꽃술 꼬리실 1개를 은방울꽃 꼬리실 1개와 두어 번 매듭을 짓는다.

10 모든 꼬리실을 짧게 자르고 편물을 뒤집는다.

11 같은 방식으로 은방울꽃의 꽃술을 1개 더 만든다.

카네이션 미니 키링

카네이션과 함께 세트로 만들어 선물하면 좋은 카네이션 미니 키링이예요.
사랑과 감사의 마음을 담아 소중한 사람에게 선물해 보세요.
작은 카네이션이 담고 있는 따뜻한 마음이 큰 행복을 전할 거예요!

난이도
★★★☆☆
화보 **054p**

준비물
- 원하는 색상의 뜨개실(카네이션 꽃 색상, 카네이션 꽃받침 색상-총 2가지 컬러, 두께 약 2.5mm의 밀키 코튼실 추천)
- 코바늘 4호(2.5mm)
- 가위
- 돗바늘
- 단수링 3개
- 열쇠고리 1개+O링 1개

뜨개 기법
매직링, 빼뜨기, 사슬뜨기, 짧은뜨기, 짧은뜨기 늘려뜨기, 한길긴뜨기, 한길긴뜨기 늘려뜨기

만드는 순서
1. 카네이션 꽃받침 1개를 뜬다.
2. 이어서 꽃잎을 뜬다.
3. 마지막으로 열쇠고리를 달아 마무리한다.
TIP 코를 빡빡하게 떠야 작고 귀여운 카네이션 키링이 만들어진다.

◆ 미니 카네이션 꽃받침&꽃잎(1개 만들기)

[꽃받침]

1단(총 3코): 매직링 - 시작코 - 짧은뜨기 3코(첫 코 단수링) - 빼뜨기

2단(총 6코): 기둥사슬 1코 - (짧은뜨기 2코 늘려뜨기)*3(첫 코 단수링) - 빼뜨기

3~4단(총 6코): 기둥사슬 1코 - 짧은뜨기 6코(첫 코 단수링) - 빼뜨기

[꽃잎]

5단(총 12코): 기둥사슬 3코 - (한길긴뜨기 2코 늘려뜨기)*6(첫 코 단수링) - 빼뜨기

6단: (기둥사슬 3코, 사슬 3코, 한길긴뜨기 1코, 사슬 3코) - (한길긴뜨기 1코, 사슬 3코, 한길긴뜨기 1코, 사슬 3코)*11 - 사슬 3코 - 빼뜨기

카네이션 꽃받침(1개 만들기)

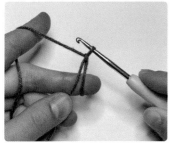

1 매직링을 만들어 시작코(사슬 1코)를 뜬다. 꼬리실은 7~10cm 가량 남긴다.

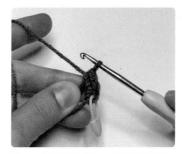

2 매직링에 짧은뜨기 3코를 뜬다. [TIP] 첫 번째 짧은뜨기에 단수링으로 걸어 표시한다.

3 꼬리실을 당겨 편물을 조이고 빼뜨기를 한다.

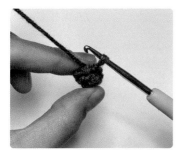

4 2단은 기둥사슬 1코를 올리고, 짧은뜨기 2코 늘려뜨기를 총 3번 반복한다. 빼뜨기까지 완료하면 총 6코가 된다.

5 3단은 기둥사슬 1코를 올리고 늘림 없이 짧은뜨기 6코를 뜬다. 빼뜨기로 완료한다.

6 4단도 3단과 동일하게 뜬다. 실을 당겨 코에서 빼고 약 5~10cm 정도 남기고 자른다.

7 편물을 뒤집어 사진과 같이 꼬리실을 정리한다.

8 남은 꼬리실은 보이지 않게 매직링 안쪽으로 넣는다.

9 총 6코가 되어야 한다. 빼뜨기한 공간이 헷갈린다면 양옆에 단수링을 걸어 표시한다.

카네이션 꽃잎(1개 만들기)

1 꽃받침 사슬에 코바늘을 넣는다. 어느 곳에서 시작하든 상관없다.

2 카네이션 실을 사슬 안쪽으로 끌어온다.

3 고리에 코바늘이 걸린 것을 확인한다.

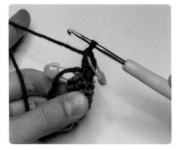

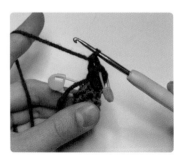

4 꽃받침과 이어서 5단을 시작한다. 기둥사슬 3코를 올린다.

5 같은 코에 한길긴뜨기 1개를 뜨고 단수링을 건다.
[TIP] 꼬리실은 코바늘 위에 얹어 함께 뜬다.

6 같은 코에 한길긴뜨기 1개를 더 뜬다. 한길긴뜨기 2코 완성.

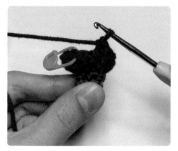

7 한길긴뜨기 2코 늘려뜨기를 5
번 더 반복한다.

8 단수링을 걸어둔 코에 빼뜨기
를 한다.

9 6단 시작. 기둥사슬 3코를 올린
다.
[TIP] 해당 기둥사슬 3코를 한길긴
뜨기 1코로 간주한다.

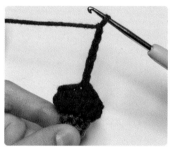

10 사슬 3코를 뜬다.

11 같은 첫 코에 한길긴뜨기 1코를
뜬다.

12 사슬 3코를 뜬다.
[TIP] 한 코마다 한길긴뜨기 2코가
만들어진다고 이해하면 쉽다.

13 옆 코로 넘어가서 한길긴뜨기 1
코를 뜨고 사슬 3코를 뜬다.

14 같은 코에 한길긴뜨기 1코를 뜨
고 사슬 3코를 뜬다.

15 13~14번 과정을 10번 더 반복
한다.
(한길긴뜨기 1코, 사슬 3코, 한
길긴뜨기 1코, 사슬 3코)

16 사슬 3코를 뜬다.

17 사진을 참고하여 빼뜨기 할 코를 찾는다.

18 해당 코에 빼뜨기를 하고 실을 당겨 코에서 뺀다. 실을 약 20~25cm 남기고 정도 자른다.

18 돗바늘을 이용해 빼뜨기 했던 코에 넣고 뒤집는다.

19 꽃을 뒤집는다.

20 카네이션 꼬리실을 돗바늘로 사진을 참고하여 정리한다.
TIP 정확할 필요는 없지만 중간 중간 한 칸씩 띄우며 바느질하는 게 좋다.

21 이후 돗바늘을 꽃 바깥으로 보낸다.

22 꼬리실을 당겨 꽃을 조인다.

23 위에서 바라보았을 때 카네이션이 살짝 납작하다.

24 남은 꼬리실은 카네이션 모양을 예쁘게 잡아가며 바느질한다.

25 앞뒤로 왔다갔다 바느질하며 꽃을 고정한다.

26 바느질이 끝나면 꽃받침의 가장 아래쪽으로 돗바늘을 넣고 꼬리실을 짧게 자른다. 카네이션 모양을 모양을 잡는다.

카네이션 조합하기

1 사진과 같이 카네이션 위쪽에 O링을 넣는다.

2 O링에 열쇠고리를 건다.

라벤더 미니 키링

보라색 설탕 과자가 더욱 작아져 100배는 더 귀여운 라벤더 미니 키링!

고유의 향기를 떠올리게 하는 라벤더는 차분하면서도 사랑스러운 느낌을 전해줘요.

가방에 달아두면 그저 보기만 해도 기분이 좋아질 거예요!

난이도

★★★☆☆

화보 **055p**

준비물
- 원하는 색상의 뜨개실(라벤더 꽃 색상, 줄기&잎사귀 색상-총 2가지 컬러, 두께 약 2mm의 마카롱실 or 두께 약 2.5mm의 밀키 코튼실 추천)
- 코바늘 4호(2.5mm)
- 가위
- 글루건
- 돗바늘
- 단수링 1개
- 열쇠고리 1개+O링 1개

뜨개 기법
빼뜨기, 이랑빼뜨기, 사슬뜨기, 짧은뜨기, 긴뜨기, 긴뜨기 늘려뜨기

만드는 순서
1. 미니 라벤더 총 2개를 뜬다.
2. 줄기를 뜬다.
3. 잎사귀 2개를 뜬다.
4. 미니 라벤더와 줄기를 이어준다.
5. 글루건을 활용하여 잎사귀를 붙인다.
6. 마지막으로 열쇠고리를 달아 마무리한다.

◆ **미니 라벤더(2개 만들기)**

1단: 시작코 - 사슬 10코(마지막 코 단수링) - 기둥사슬 2코 - 긴뜨기 2코 늘려뜨기 - (짧은뜨기 1코, 긴뜨기 1코,
사슬 2코, 이랑빼뜨기, 긴뜨기 1코)＊8 - (긴뜨기 2코 늘려뜨기, 빼뜨기)

◆ **줄기(1개 만들기)**

1단: 시작코 - 사슬 27코

◆ **잎사귀(2개 만들기)**

1-1단: 시작코 - 사슬 11코 - 긴뜨기 7코(첫 코 단수링) - 짧은뜨기 3코 - (사슬 1코 - 이랑빼뜨기)
1-2단: 짧은뜨기 2코 - 긴뜨기 7코 - 빼뜨기

미니 라벤더(2개 만들기)

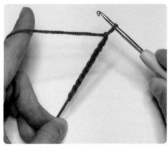

1 시작코(사슬 1코)를 만들고 사슬 10코를 뜬다. 꼬리실은 넉넉히 7~10cm가량 남긴다.

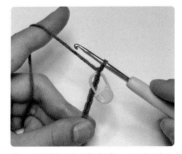

2 코바늘이 걸려있는 코에 단수링을 건다.

3 기둥사슬 2코를 올린다.

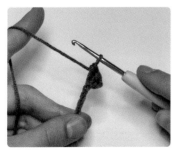

4 단수링을 걸어둔 사슬 코에 긴뜨기 2코 늘려뜨기 한다.

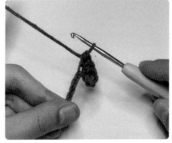

5 옆 코로 넘어가서 (짧은뜨기 1코, 긴뜨기 1코)를 뜬다.

6 사슬 2코를 뜬다.

7 사진을 참고하여 표시된 코를 찾는다.

8 해당 코에 이랑빼뜨기를 한다.

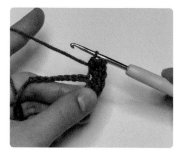

9 같은 코에 긴뜨기 1코를 뜬다.

10 5~9번 과정을 7번 더 반복한다.
(짧은뜨기 1코, 긴뜨기 1코, 사슬 2코, 이랑빼뜨기, 긴뜨기 1코)

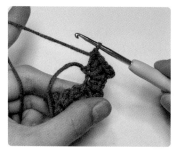

11 마지막 코는 긴뜨기 2코 늘려 뜨기를 한다.

12 같은 코에 빼뜨기를 하고 실을 당겨 코에서 뺀다. 실을 약 10cm 정도 남기고 자른다.

14 라벤더를 빙글빙글 돌려가며 모양을 잡는다. 같은 방법으로 미니 라벤더를 1개 더 만든다.

1 잎사귀 실로 사슬 27코를 뜬다. 꼬리실을 15cm 정도 남긴다.

TIP 코를 빡빡하게 뜨는 게 예쁘다.

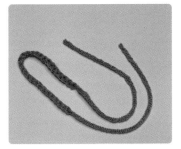

2 실을 당겨 코에서 뺀다. 반대편 꼬리실 역시 15cm 정도 남기고 자른다. 양쪽 꼬리실을 각각 당겨 사슬을 단단히 고정한다.

라벤더 잎사귀(2개 만들기)

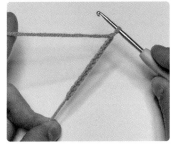

1 시작코(사슬 1코)를 만들고 사슬 11코를 뜬다.

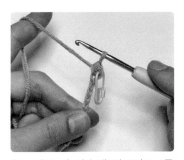

2 바로 옆 사슬에 긴뜨기 1코를 뜨고, 단수링을 건다.

3 옆 코로 넘어가서 [긴뜨기 6코-짧은뜨기 2코-짧은뜨기 1코-사슬 1코]를 뜬다.

4 사진을 참고하여 바로 왼쪽 사슬을 찾는다.

5 해당 코에 이랑빼뜨기를 한다.

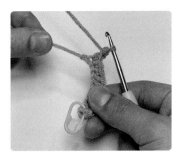

6 꼬리실을 당기면 큰 구멍이 나온다. 해당 구멍의 바로 왼쪽 사슬부터 시작한다.

7 이어서 [짧은뜨기 2코 - 긴뜨기 7코]를 뜬다.
[TIP] 꼬리실은 코바늘 위에 얹어 함께 뜬다.

8 단수링을 걸어둔 코에 빼뜨기를 하고 실을 당겨 코에서 뺀다. 실을 약 7cm 정도 남기고 자른다.

9 돗바늘로 꼬리실을 정리한다. 먼저 빼뜨기를 했던 자리에 돗바늘을 넣는다.

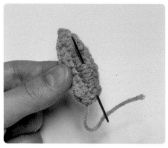

10 편물을 뒤집어 오른쪽 사슬에 돗바늘을 넣는다. 남은 꼬리실은 잘라 마무리한다.

11 같은 방법으로 잎사귀를 2개 만든다.
[TIP] 잎사귀 앞뒤를 잘 구분한다.

라벤더 조합하기

1 한쪽 꼬리실을 돗바늘에 넣고, 사진과 같이 꼬리실이 수직으로 내려가도록 바느질한다.
[TIP] 라벤더를 고정하기 위한 역할이다.

2 반대쪽 꼬리실도 밑으로 가도록 바느질한다.

3 다시 라벤더를 뒤집어 안쪽에서 두어 번 매듭을 짓는다.

4 매듭지은 부분이 아래로 가도
록 하고, 라벤더 줄기의 꼬리실
한쪽을 돗바늘에 넣고 라벤더
가운데 부분에 넣는다.

5 그대로 줄기가 라벤더와 맞닿
을 수 있도록 꼬리실을 뺀다.

6 줄기 꼬리실과 남은 라벤더 꼬
리실 한쪽을 두어 번 매듭 짓
고 짧게 자른다.

7 줄기와 라벤더가 잘 고정되었
는지 확인한다. 나머지 부분도
동일하게 작업한다.

8 글루건으로 견고하게 라벤더
사이사이를 고정한다. 나머지
부분도 동일하게 작업한다.

9 사진과 같이 줄기가 맞닿는 부
분에 글루건으로 살짝 고정한
다.
TIP 키링이 들어갈만한 공간을
남긴다.

10 잎사귀 안쪽에 글루건을 바른
다.

11 맞닿은 줄기 부분에 잎사귀를
고정한다.

12 잎사귀 위쪽의 줄기 빈 공간에
오링을 넣고 열쇠고리를 건다.

데이지&딸기 미니 키링

데이지와 딸기가 만나 더욱 사랑스러워진 미니 키링!

밝은 노란색 데이지와 빨갛게 익은 딸기가 함께 어우러져, 귀엽고 상큼한 매력을 발산해요.

작지만, 그 속에 담긴 사랑스러운 느낌은 정말 커다랗답니다.

난이도

★★☆☆☆

화보 **056p**

준비물
- 원하는 색상의 뜨개실(미니 데이지 꽃 색상, 꽃술 색상, 딸기 색상, 딸기 꼭지&고리 색상-총 4가지 컬러, 두께 약 2mm의 마카롱실 or 두께 약 2.5mm의 밀키 코튼실 추천)
- 코바늘 4호(2.5mm)
- 솜
- 가위
- 글루건
- 돗바늘
- 단수링 1개
- 열쇠고리 1개+O링 3개

뜨개 기법

매직링, 빼뜨기, 이랑빼뜨기, 사슬뜨기, 짧은뜨기, 짧은뜨기 늘려뜨기, 짧은뜨기 줄여뜨기, 한길긴뜨기, 두길긴뜨기

만드는 순서
1. 미니 데이지 꽃술을 뜬다.
2. 이어서 꽃잎을 뜬다.
3. 딸기를 뜬다.
4. 이어서 딸기 꼭지와 고리를 뜨고 이어준다.
5. 글루건을 활용하여 딸기를 완성한다.
6. 미니 데이지와 딸기에 열쇠고리를 달아 마무리한다.

◆ **미니 데이지 꽃술&꽃잎(1개 만들기)** *물망초 키링 도안 참고 256p

[꽃술]

1단: 매직링 - 시작코 - 짧은뜨기 5코(첫 코 단수링) - 빼뜨기

[꽃잎]

2단: {(사슬 2코, 한길긴뜨기 1코, 두길긴뜨기 1코, 한길긴뜨기 1코, 사슬 1코, 빼뜨기) - 빼뜨기}*5(다음 코 이동하지 않고 바로 시작)

◆ **딸기(1개 만들기)**

1단(총 4코): 매직링 - 시작코 - 짧은뜨기 4코(첫 코 단수링) - 빼뜨기

2단(총 8코): 기둥사슬 1코 - (짧은뜨기 2코 늘려뜨기)*4(첫 코 단수링) - 빼뜨기

3단(총 12코): 기둥사슬 1코 - (짧은뜨기 1코 - 짧은뜨기 2코 늘려뜨기)*4(첫 코 단수링) - 빼뜨기

4단(총 16코): 기둥사슬 1코 - (짧은뜨기 2코 - 짧은뜨기 2코 늘려뜨기)*4(첫 코 단수링) - 빼뜨기

5~6단(총 16코): 기둥사슬 1코 - 짧은뜨기 16코(첫 코 단수링) - 빼뜨기

7단(총 12코): 기둥사슬 1코 - (짧은뜨기 2코 - 짧은뜨기 2코 줄여뜨기)*4(첫 코 단수링) - 빼뜨기

8단(총 8코): 기둥사슬 1코 - (짧은뜨기 1코 - 짧은뜨기 2코 줄여뜨기)*4(첫 코 단수링) - 빼뜨기

◆ **딸기 꼭지(1개 만들기)**

1단(총 5코): 매직링 - 시작코 - 짧은뜨기 5코(첫 코 단수링) - 빼뜨기

2단: {(사슬 4코 - 한 코 건너뛰기 - 이랑빼뜨기 - 짧은뜨기 1코) - 빼뜨기}*5

◆ **딸기 고리 (1개 만들기)**

1단 : 시작코 - 사슬 4코

╭─────────────────────╮
│ **딸기(1개 만들기)** │
╰─────────────────────╯

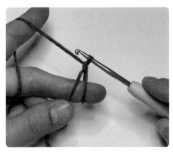

1 매직링을 만들어 시작코(사슬 1코)를 뜬다.

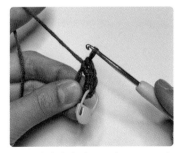

2 매직링에 짧은뜨기 4코를 뜬다.
TIP 첫 번째 짧은뜨기에 단수링을 걸어 표시한다.

3 꼬리실을 당겨 편물을 조이고, 빼뜨기를 한다.

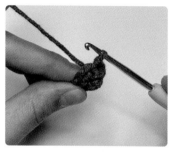

4 2단은 사슬 1개당 짧은뜨기 2코 늘려뜨기 한다. 빼뜨기까지 완료하면 2단은 총 8코가 된다.
TIP 2~8단을 시작할 때 기둥코는 필수로 세운다.

5 3단은 [짧은뜨기 1코 - 짧은뜨기 2코 늘려뜨기]를 총 4번 반복한다. 빼뜨기까지 완료하면 3단은 총 12코가 된다.

6 4단은 [짧은뜨기 2코 - 짧은뜨기 2코 늘려뜨기]를 총 4번 반복한다. 빼뜨기까지 완료하면 4단은 총 16코가 된다.

7 5~6단은 늘림 없이 짧은뜨기 16코를 뜨고 빼뜨기로 마무리한다.

8 7단은 [짧은뜨기 2코 - 짧은뜨기 2코 줄여뜨기]를 총 4번 반복한다. 빼뜨기까지 완료하면 7단은 총 12코가 된다.

9 8단은 [짧은뜨기 1코 - 짧은뜨기 2코 줄여뜨기]를 총 4번 반복한다. 빼뜨기까지 완료하면 8단은 총 8코가 된다.

10 딸기 안에 솜을 넉넉히 채운다. 실을 당겨 코에서 빼고 약 15~20cm 정도 남기고 자른다.

11 돗바늘로 줄여뜨기를 하여 마무리한다.
TIP 코바늘 기초 306p를 참고한다.

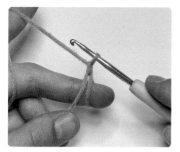

1 매직링을 만들어 시작코(사슬 1코)를 뜬다.

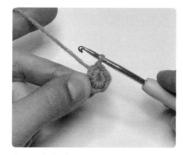

2 매직링에 짧은뜨기 5코를 뜨고, 꼬리실을 당겨 편물을 조인다. 빼뜨기까지 완료한다.

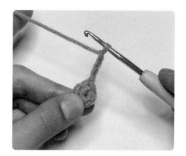

3 사슬 4코를 뜬다.

4 사진과 같이 표시된 코를 건너뛴다.

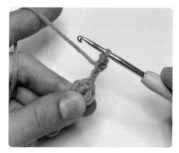

5 건너뛴 다음 사슬에 이랑빼뜨기를 한다.

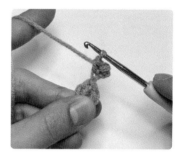

6 다음 사슬에 짧은뜨기 1코를 뜬다.

7 옆 코로 넘어가서 빼뜨기를 한다.

8 3~7번 과정을 4번 더 반복한다.
[(사슬 4코 - 한 코 건너뛰기 - 이랑빼뜨기 - 짧은뜨기 1코) - 빼뜨기]
실을 당겨 코에서 빼고 약 10cm 정도 남기고 자른다.

9 돗바늘에 꼬리실을 넣고, 빼뜨기를 했던 코에 돗바늘을 넣는다.

10 편물을 뒤집어 꼬리실끼리 두 어 번 매듭짓는다. 꼬리실을 짧 게 자른다.

11 다시 편물을 뒤집는다.
TIP 해당 표면이 딸기 꼭지 바깥 쪽이다.

- - - - - - - - - - - - - - - - - - (**딸기 고리(1개 만들기)**) - - - - - - - - - - - - - - - -

1 딸기 꼭지 실로 꼬리실은 10cm 정도 남긴다. 시작코(사슬 1코) 를 만들고 사슬 4코를 뜬다.

2 실을 당겨서 코에서 뺀다. 반대 편 꼬리실 역시 10cm 정도 남기 고 자른다. 양쪽 꼬리실을 각각 당겨 사슬을 단단히 고정한다.

3 꼬리실 한쪽을 돗바늘에 넣는 다. 딸기 꼭지 매직링 바깥쪽 부분으로 넣는다.

4 반대편 꼬리실도 3번 과정과 동일하게 작업한다. 바깥쪽에 딸기 고리가 만들어진다.

5 단단히 고정하기 위해 꼬리실 에 바늘을 넣어 한쪽을 근처 가 까운 사슬 아무 곳에나 두어 번 바느질한다.

6 반대편 꼬리실도 동일하게 바 느질한다.

7 꼬리실끼리 두어 번 매듭을 짓는다.

8 다시 편물을 뒤집어 입체감 있게 딸기 꼭지를 정리한다.

딸기 조합하기

1 딸기 위쪽면에 글루건을 바른다.

2 딸기 고리와 딸기를 고정한다.

3 사이사이 비는 공간에 글루건을 발라 고정하고 모양을 잡는다.

데이지&딸기 조합하기

1 데이지 위쪽에 오링을 달고 그 위에 오링을 하나 더 달아준다. 두 번째 오링은 다 닫지 않는다.

2 딸기 고리에도 오링을 달아 데이지 오링에 연결한다.

3 오링에 열쇠고리를 건다.

크리스마스트리 미니 키링

크리스마스를 기다리며 만드는 크리스마스트리 미니 키링.
원하는 색상의 전구도 직접 달아주고, 차근차근 만들다 보면 어느새
크리스마스가 훌쩍 다가올 거예요. 손끝에서 완성되는 크리스마스트리 미니 키링은,
연말 분위기를 한층 더 따뜻하게 만들어줄 거랍니다.

난이도
★★★★☆
화보 **057p**

준비물
- 원하는 색상의 뜨개실(크리스마스트리 색상, 트리 별 색상, 트리 기둥 색상,
  전구 색상 2가지-총 5가지 컬러, 두께 약 2.5mm의 밀키 코튼실 추천)
- 코바늘 4호(2.5mm)
- 가위
- 글루건
- 돗바늘
- 단수링 1개
- 열쇠고리+O링 1개

뜨개 기법
매직링, 빼뜨기, 사슬뜨기, 짧은뜨기, 뒤이랑짧은뜨기, 짧은뜨기 늘려뜨기, 한길긴뜨기,
뒤이랑한길긴뜨기, 한길긴뜨기 늘려뜨기

만드는 순서
1. 크리스마스트리의 상단, 가운데, 하단을 만든다.
2. 만든 편물들을 쌓고, 짜투리 실로 트리를 고정한다.
   이때, 짜투리 실은 크리스마스트리의 전구 역할을 한다.
3. 크리스마스트리 별을 만든다.
4. 완성된 별을 크리스마스트리 위에 고정한다.
5. 크리스마스트리 기둥을 만든다.
6. 글루건을 사용하여 크리스마스트리와 기둥을 고정한다.
7. 마지막으로 열쇠고리를 달아 마무리한다.

◈ 크리스마스트리 상단(1개 만들기)

1단(총 4코): 매직링 - 시작코 - 짧은뜨기 4코(첫 코 단수링) - 빼뜨기

2단(총 8코): 기둥사슬 2코 - (한길긴뜨기 2코 늘려뜨기)＊4(첫 코 단수링) - 빼뜨기

3단: 기둥사슬 1코 - {(뒤이랑짧은뜨기 1코(첫 코 단수링), 뒤이랑한길긴뜨기 1코, 뒤이랑짧은뜨기 1코) - 빼뜨기}＊4 - 빼뜨기

◈ 크리스마스트리 가운데(1개 만들기)

1단(총 5코): 매직링 - 시작코 - 짧은뜨기 5코(첫 코 단수링) - 빼뜨기

2단(총 10코): 기둥사슬 2코 - (한길긴뜨기 2코 늘려뜨기)＊5(첫 코 단수링) - 빼뜨기

3단: 기둥사슬 1코 - {(뒤이랑짧은뜨기 1코(첫 코 단수링), 뒤이랑한길긴뜨기 1코, 뒤이랑짧은뜨기 1코) - 빼뜨기}＊5 - 빼뜨기

◈ 크리스마스트리 하단(1개 만들기)

1단(총 6코): 매직링 - 시작코 - 짧은뜨기 6코(첫 코 단수링) - 빼뜨기

2단(총 12코): 기둥사슬 2코 - (한길긴뜨기 2코 늘려뜨기)＊6(첫 코 단수링) - 빼뜨기

3단: 기둥사슬 1코 - {(뒤이랑짧은뜨기 1코(첫 코 단수링), 뒤이랑한길긴뜨기 1코, 뒤이랑짧은뜨기 1코) - 빼뜨기}＊6 - 빼뜨기

◈ 크리스마스트리 별(1개 만들기)

1단: 시작코 - 사슬 2코 - 한길긴뜨기 1코 - 빼뜨기

◈ 크리스마스트리 기둥(1개 만들기)

1단(총 6코): 매직링 - 시작코 - 짧은뜨기 6코(첫 코 단수링) - 빼뜨기

2단(총 6코): 기둥사슬 1코 - 뒤이랑짧은뜨기 6코(첫 코 단수링) - 빼뜨기

3단(총 6코): 기둥사슬 1코 - 짧은뜨기 6코(첫 코 단수링) - 빼뜨기

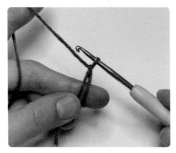

1 크리스마스트리 상단 먼저 시
작한다. 매직링을 만들어 시작
코(사슬 1코)를 뜬다.

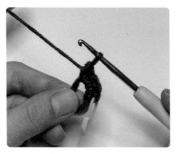

2 매직링에 짧은뜨기 4코를 뜬다.
TIP 첫 번째 짧은뜨기에 단수링
으로 표시한다.

3 꼬리실을 당겨 편물을 조이고
빼뜨기를 한다.

4 기둥사슬 2코를 올린다.

5 첫 코에 한길긴뜨기 1개를 뜨고
단수링을 건다.

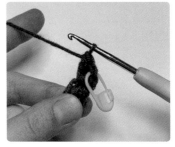

6 같은 코에 한길긴뜨기 1개를 더
뜬다. 한길긴뜨기 2코 늘려뜨
기 완성.

7 이렇게 2단은 사슬 1개당 한길
긴뜨기 2코 늘려뜨기 한다. 총
8코가 된다.

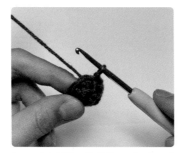

8 단수링을 걸어둔 코에 빼뜨기
를 한다.

9 사진을 참고하여 뒤이랑짧은뜨
기 할 코를 찾는다.

10 해당 코에 뒤이랑짧은뜨기 1코를 뜨고, 단수링을 건다.

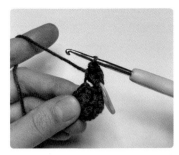

11 같은 코에 (뒤이랑한길긴뜨기 1코, 뒤이랑짧은뜨기 1코)를 뜬다.

12 옆 코로 넘어가서 빼뜨기를 한다.

13 [(뒤이랑짧은뜨기 1코, 뒤이랑한길긴뜨기 1코, 뒤이랑짧은뜨기 1코) - 빼뜨기]를 3번 더 반복한다.

14 단수링을 걸어둔 코에 빼뜨기를 하고 실을 당겨 코에서 뺀다. 실을 약 10cm 정도 남기고 자른다

15 돗바늘에 꼬리실을 끼운 뒤 빼뜨기를 했던 코에 넣어 통과한다.

16 편물을 뒤집어 매직링 꼬리실이 있는 쪽으로 꼬리실을 정리한다.

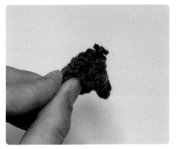

17 꼬리실끼리 매듭을 두어 번 짓고 짧게 자르고 다시 편물을 뒤집는다.

18 글 도안을 참고하여 크리스마스트리 가운데 부분과 하단 부분을 각 1개씩 더 만든다.

1 위에서부터 순서대로 상단, 가운데, 하단 편물을 쌓는다.

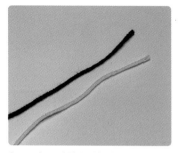

2 전구 역할을 할 짜투리 실 2종류를 약 20cm씩 준비한다.

3 먼저 첫 번째 짜투리 실을 돗바늘에 꿰어 하단 안쪽에서 위쪽으로 넣는다.

4 편물을 옆에서 보면 돗바늘이 사진처럼 위를 향해 나온다.

5 돗바늘을 끝까지 뺀 뒤 하단에 사진 정도의 실이 남아 있도록 조절한다.

6 이어서 사진과 같이 바느질하여 돗바늘을 다시 하단으로 넣는다. 전구처럼 보이도록 작게 바느질하는 것이 포인트이다.

7 트리가 전체적으로 고정되면서 전구가 잘 보이도록 바느질한다.

8 바느질을 마무리한 뒤 두어 번 매듭 짓고 하단에서 꼬리실을 짧게 자른다.
TIP 하단은 크리스마스트리 기둥으로 가려지므로 깔끔하게 정리되지 않아도 괜찮다.

9 두 번째 짜투리 실도 같은 방법으로 작업한다.

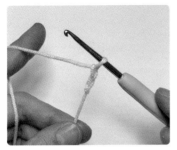

1 시작코(사슬 1코)를 만들고 사슬 2코를 뜬다.

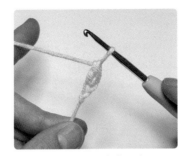

2 옆 사슬에 한길긴뜨기 1코 뜬다.

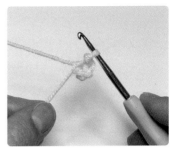

3 시작코에 빼뜨기 하고 실을 당겨 코에서 뺀다. 실을 7cm 정도 남기고 자른다.
TIP 시작코는 일반적으로 사용하지 않지만 예외적으로 시작코도 포함하여 뜬다.

크리스마스트리&별 고정하기

1 크리스마스트리 별의 꼬리실 한쪽을 돗바늘에 넣어 트리 상단 매직링의 중심에 끼워 아래로 뺀다.

2 편물 위쪽에서 보면 사진과 같은 모습이 된다.

3 나머지 꼬리실도 동일하게 편물 아래로 바느질한다.

4 꼬리실을 두어 번 묶어 단단히 매듭을 짓는다.

5 꼬리실을 짧게 자른다.

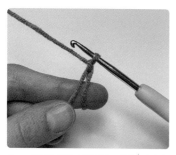

1 매직링을 만들어 시작코(사슬 1코)를 뜬다.

2 매직링에 짧은뜨기 6코를 뜬다. 꼬리실을 당겨 편물을 조이고 빼뜨기를 한다.

3 2단은 [기둥사슬 1코 - 뒤이랑 짧은뜨기 6코 - 빼뜨기] 한다.

4 3단은 [기둥사슬 1코 - 짧은뜨기 6코 - 빼뜨기] 한다. 실을 당겨 코에서 빼고 약 3cm 정도 남기고 자른다.

5 매직링과 이어진 꼬리실을 먼저 편물 안으로 넣는다.

6 돗바늘에 꼬리실을 끼운 뒤 빼뜨기를 했던 코에 넣어 통과한다.

7 남은 꼬리실도 마찬가지로 편물 안으로 넣어 정리한다.

1 크리스마스트리의 하단 부분이
보이도록 뒤집어 안쪽에 글루
건을 바른다.

2 크리스마스트리 기둥을 사진과
같은 위치에 고정한다.

1 사진과 같이 크리스마스트리
위쪽에 O링을 넣는다.

2 O링에 열쇠고리를 건다.

PART 2

코바늘뜨기를 위한 준비

작품에 사용하는 도구

뜨개 꽃을 만들기 위해서는 실뿐만 아니라 다양한 도구가 필요합니다.
적절한 도구를 사용하면 작업이 더욱 수월해져 예쁜 꽃과 키링을 완성할 수 있을 거예요.
뜨개 꽃을 만들 때 사용하는 주요 도구들을 소개합니다.

◆ 코바늘
책에서는 모사용 코바늘 4호(2.5mm)와 5호(3.0mm)를 사용합니다. 작품의 크기와 분위기에 따라 코바늘의 호수를 조절하여 작업합니다.

◆ 꽃철사
18호부터 27호까지 다양한 굵기가 있으며, 굵기에 따라 용도가 달라집니다. 일반적으로 18호는 줄기, 27호는 꽃잎과 잎사귀 제작에 활용됩니다.
책에서는 초록색(18호, 27호)과 흰색(27호) 철사를 사용합니다. 특히 실이 흰색이라면 작품의 완성도를 높이기 위해 흰색 철사를 사용하는 것을 권장합니다.

◆ 가위
실과 포장지를 자를 때 사용합니다. 꽃다발까지 완성할 계획이라면 포장지가 깔끔하게 잘리는 가위를 추천합니다.

◆ 펜치
단단한 줄기 철사를 구부리거나 모양을 변경할 때 사용합니다.

◆ 니퍼
철사(줄기)를 자를 때 꼭 필요한 도구입니다.

◆ 순간접착제
실로 줄기를 감싼 뒤 철사와 실을 단단히 고정할 때 활용됩니다.

◆ 글루건과 심
장미, 라벤더, 스위트피 등 꽃잎을 단단하게 고정할 때 사용합니다.

◆ 돗바늘
편물을 마무리하고 마지막 단계에서 꼬리실을 정리할 때 사용합니다. 흔히 마무리바늘이라고도 불립니다.

◆ 단수링
첫 코를 표시하면 작업이 훨씬 수월해집니다. 특히 초보자에게 필수템이며, 3~4개는 꼭 준비해 두세요.

◆ 솜
샤스타데이지, 해바라기 등 꽃의 안쪽을 채워 풍성하고 생동감 있는 느낌을 줄 때 사용합니다.

◆ 열쇠고리와 O링
키링으로 만들어 어디든지 쉽게 고정할 수 있습니다. 간단하면서도 실용적인 장식용 도구입니다.

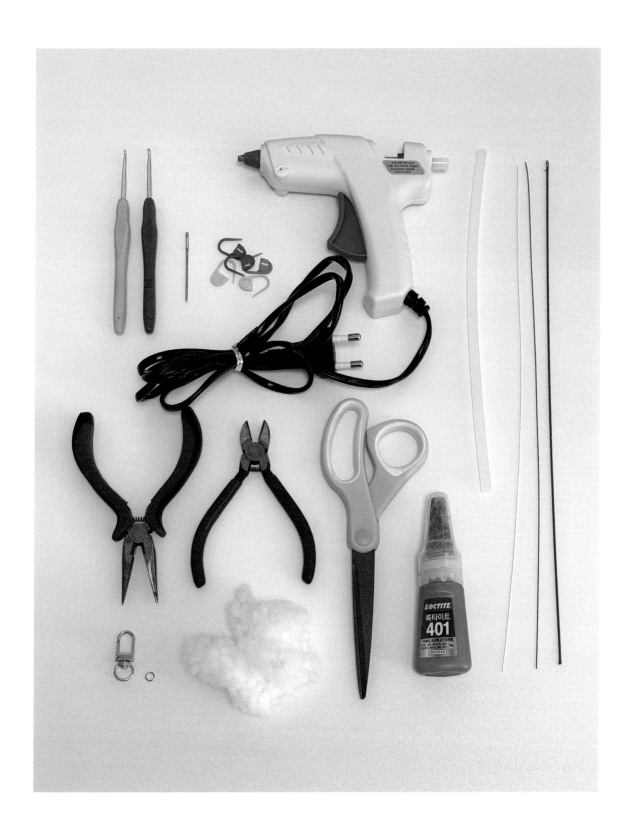

작품에 사용한 실

작품에서 사용된 실을 소개합니다. 꽃을 만들기 위해 실을 고를 때 중요한 것은
특정 브랜드가 아닌 실의 질감, 두께, 그리고 색감입니다. 따라서 각 작품에 꼭 지정된 실을
사용하지 않아도 됩니다. 실을 선택할 때는 코튼 함량과 두께를 기준으로 고르면
가장 좋은 결과를 얻을 수 있습니다. 자유롭게 선택하고 자신만의 스타일로 즐겨보세요!

마카롱실

- **구성**: 코튼 75%+레이온 15%+아크릴 10%
- **두께**: 약 2mm
- **특징**: 코튼 함량이 높아 약간 뻣뻣한 느낌이 있는 실입니다. 겉으로 보이는 포근한 느낌은 덜하지만, 탄탄한 작품을 만들 때 적합합니다.

밀키 코튼실(브랜드 ×)

- **구성**: 코튼 60~65%+아크릴 35~40%
- **두께**: 약 2~3.0mm
- 아크릴 함량이 높아 마카롱실보다 부드러운 실입니다. 부드럽고 포근한 작품을 만들 때 자주 사용합니다. 브랜드에 구애받지 않고, 비슷한 성분의 실을 자유롭게 선택해 보세요!

기초 뜨개법

뜨개 꽃을 만들려면 먼저 기본적인 뜨개 기법을 익히는 것이 중요합니다.
기초 기법을 잘 이해하면 다양한 꽃을 더욱 쉽게 만들 수 있어요.
코바늘 뜨개의 기본이 되는 핵심 기법을 소개합니다.

✕ 코바늘 기초 ✕

실 잡는 방법

 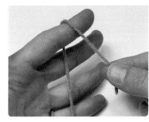 

1 실을 새끼손가락에 건다. **2** 검지 뒤로 실을 감는다. **3** 엄지와 중지로 실을 잡아 고정한다.

코바늘 잡는 방법

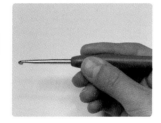 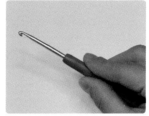

펜 그립
펜을 잡듯이 바늘을 잡는 가장 기본적인 방법이다.

나이프 그립
나이프를 잡듯이 바늘을 잡는 방법으로, 손목에 무리가 덜 가 추천하는 방법입니다.

TIP 익숙해지면 다른 방법으로 바꾸기 어려우므로, 나이프 그립을 추천한다.

사슬의 구조

사슬의 앞면
V자 모양의 사슬이 나란히 보이며, 일반적으로 해당 V코에 바늘을 넣어 뜨개질한다.

사슬의 뒷면
가운데 볼록 튀어나온 부분으로, 이를 '코산'이라고 부른다.

기둥사슬

책에서는 '기둥사슬'이라는 용어를 사용한다. 이는 특정 기법을 시작하기 전에 해당 기법의 높이를 맞추기 위해 사용하는 사슬 코다. 단, 기본적으로 각 기법마다 정해진 기둥사슬 코 개수가 있지만 꽃 뜨기에서는 예외적으로 생략되거나 변형될 수 있다.

· 빼뜨기 기둥코-기둥사슬을 뜨지 않는다.

· 짧은뜨기 기둥코-기둥사슬 1코를 뜬다.

· 긴뜨기 기둥코-기둥사슬 2코를 뜬다.

· 한길긴뜨기 기둥코-기둥사슬 3코를 뜬다.

· 두길긴뜨기 기둥코-기둥사슬 4코를 뜬다.

⁂ 사슬뜨기로 시작하기 ⁂

시작코

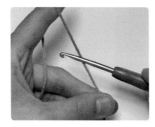

1 실 위에 바늘을 얹는다.

2 바늘을 시계 방향으로 한 바퀴 돌린다.

3 위에 실을 바늘로 건다.

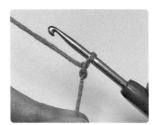

4 바늘에 걸린 실을 그대로 잡아당겨 고리 안쪽으로 뺀다. 시작코 완성. 매듭이라고도 불린다.

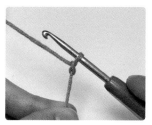

1 시작코를 만든다.

2 위에 실을 바늘로 건다.

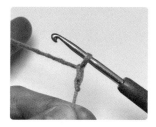

3 바늘에 걸린 실을 그대로 잡아당겨 고리 안쪽으로 뺀다.

4 여러 번 반복해 사슬뜨기를 완성한다.

1 옆 코에 바늘을 넣는다.

2 바늘로 실을 걸어 끌어당긴다.

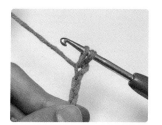

3 바늘에 걸린 실을 첫 번째 고리로 잡아당겨 뺀다. 바늘에 실이 두 줄 걸려 있는지 확인한다.

4 바늘에 실을 건다.

5 그대로 바늘을 고리 2개 안으로 잡아당겨 뺀다.

1 바늘에 실을 건다.

2 옆 코에 바늘을 넣는다.

3 바늘로 실을 걸어 끌어당긴다.

4 바늘에 걸린 실을 첫 번째 고리로 잡아당겨 뺀다. 바늘에 실이 세 줄 걸려 있는지 확인한다.

5 바늘에 실을 건다.

6 그대로 바늘을 고리 3개 안으로 잡아당겨 뺀다.

1 바늘에 실을 건다.

2 옆 코에 바늘을 넣는다.

3 바늘로 실을 걸어 끌어당긴다.

4 바늘에 걸린 실을 첫 번째 고리로 잡아당겨 뺀다. 코바늘에 실이 세 줄 걸려 있는지 확인한다.

5 바늘에 실을 건다.

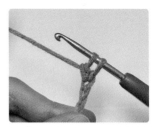

6 첫 번째, 두 번째 고리를 통과한다.

7 다시 바늘에 실을 건다.

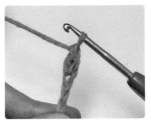

8 남은 2개의 고리를 통과한다.

두길긴뜨기

1 바늘에 실을 2번 건다.

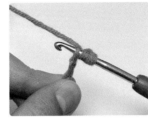

2 옆 코에 바늘을 넣는다.

3 바늘로 실을 걸어 끌어당긴다.

4 바늘에 걸린 실을 첫 번째 고리로 잡아당겨 뺀다. 바늘에 실이 네 줄 걸려 있는지 확인한다.

5 바늘에 실을 감아 첫 번째, 두 번째 고리를 통과한다. 바늘에 실이 세 줄 걸려 있는지 확인한다.

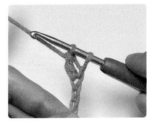

6 다시 바늘에 실을 걸어 첫 번째, 두 번째 고리를 통과한다. 바늘에 실이 두 줄 걸려 있는지 확인한다.

7 다시 바늘에 실을 걸어 남은 2개의 고리를 통과한다.

TIP 세길긴뜨기, 네길긴뜨기도 첫 시작을 동일한 규칙으로 작업한다.
· 세길긴뜨기는 처음 바늘에 실을 세 번 걸고, 순차적으로 두 줄씩 통과한다.
· 네길긴뜨기는 처음 바늘에 실을 네 번 걸고, 순차적으로 두 줄씩 통과한다.

빼뜨기

1 옆 코에 바늘을 넣는다.

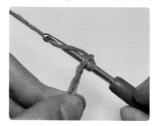

2 바늘로 실을 걸어 끌어당긴다.

3 바늘에 걸린 실을 그대로 잡아당겨 고리 안쪽으로 뺀다.

✄ 원형뜨기로 시작하기 ✄

전체 영상

매직링 시작코

1 실 잡는 방법 1~3번을 동일하게 진행한다.

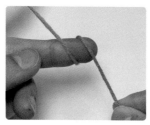

2 꼬리실을 중지 뒤쪽으로 돌려 원을 만든다.

3 바늘을 원 안으로 넣는다.

4 원을 통과해 실을 걸어 끌어당긴다.

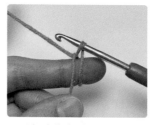

5 원 안에서 바늘을 빼면 매직링이 완성된다.

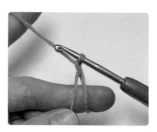

6 매직링 위에 사슬 1코를 뜬다. 시작코 완성.

매직링 1단 짧은뜨기 첫 코 뜨기

짧은뜨기, 긴뜨기, 한길긴뜨기 등 모든 기법 동일 적용

1 손가락을 실로 만든 원에서 그대로 뺀다.

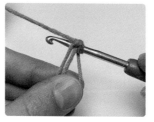

2 원의 왼쪽 면에 걸려 있는 두 가닥 실 뒤로 바늘을 넣는다.

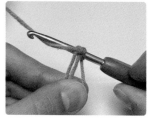

3 실을 걸어 끌어당긴다.

4 원 안에서 바늘을 빼면 바늘에 두 줄이 걸린다.

5 바늘에 실을 건다.

6 그대로 2개의 고리를 한 번에 통과해 첫 코를 완성한다. 도안을 참고하여 동일한 방법으로 반복하여 뜬다.

매직링 1단 짧은뜨기 마무리

1 원하는 개수만큼 짧은뜨기를 뜬다.

2 꼬리실을 찾는다. 꼬리실을 힘 있게 당겨 원을 조인다.

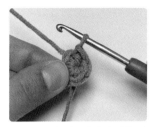

3 첫 코에 빼뜨기하여 단을 마무리한다.

매직링 2단 짧은뜨기 첫 코 뜨기

짧은뜨기, 긴뜨기, 한길긴뜨기 등 모든 기법 동일 적용

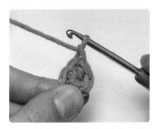

1 2단을 시작하기 위해 기둥 사슬 1코를 뜬다.

2 사진을 참고하여 V자 모양의 사슬을 찾는다. 해당 사슬이 2단의 첫 코이다.

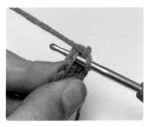

3 해당 사슬에 바늘을 넣는다.

4 그대로 바늘에 실을 걸어 2개를 고리를 통과해 짧은뜨기를 마무리한다.

매직링
돗바늘
마무리

1 도안 작업을 마친 뒤 실을 당겨 코에서 뺀다. 실을 약 10cm 남기고 자른다.

2 돗바늘에 꼬리실을 끼운다.

3 첫 번째 코에 돗바늘을 넣는다.

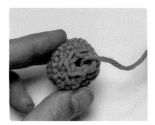

4 그대로 돗바늘을 통과한다.

5 차례대로 남은 코에 돗바늘을 통과한다.

6 마지막 코까지 돗바늘을 넣었다면 돗바늘을 빼고 꼬리실을 당겨 조인다.

7 돗바늘에 남은 꼬리실을 다시 끼워 편물의 가장 먼 곳으로 통과한다.

8 남은 꼬리실은 짧게 자른다.

이랑뜨기

뒤이랑뜨기

1 사슬 코 뒤쪽 반 코를 찾는다.

2 해당 코에 바늘을 넣고, 실을 걸어 끌어당긴다.

3 바늘에 걸린 실을 그대로 잡아당겨 뺀다.

TIP 이랑뜨기는 주로 빼뜨기에서 많이 활용된다. 여러 도안에서 '이랑빼뜨기'라는 용어는 '뒤이랑빼뜨기'와 같은 의미로 사용된다.

앞이랑뜨기

1 사슬 코 앞쪽 반 코를 찾는다.

2 해당 코에 바늘을 넣고, 실을 걸어 끌어당긴다.

3 바늘에 걸린 실을 그대로 잡아당겨 뺀다.

TIP 책에서는 거베라에 해당 기법이 사용된다.

늘려뜨기

짧은뜨기, 긴뜨기,
한길긴뜨기 등
모든 기법 동일 적용

짧은뜨기 2코 늘려뜨기

1 짧은뜨기 1코를 뜬다.

2 같은 코에 짧은뜨기 1코를 추가로 뜬다. 짧은뜨기 2코 늘려뜨기 완성.

3 같은 코에 짧은뜨기를 한 번 더 뜨면 짧은뜨기 3코 늘려뜨기 완성.

줄여뜨기

짧은뜨기, 긴뜨기,
한길긴뜨기 등
모든 기법 동일 적용

짧은뜨기 2코 줄여뜨기

1 옆 코에 바늘을 넣는다.

2 바늘에 실을 걸어 끌어당기고, 그대로 잡아당겨 안쪽으로 뺀다.

3 바로 옆 코에 바늘을 넣는다.

4 바늘에 실을 걸어 끌어당긴다.

5 바늘에 실이 세 줄 걸려 있는지 확인한다.

6 다시 바늘에 실을 걸어 끌어당긴다.

7 그대로 세 줄을 한 번에 통과한다.

TIP 말 그대로 두 코 이상을 하나의 코로 합쳐 뜨는 방식이다. 코 개수를 줄여 편물의 크기를 감소시키는 기법.

구슬뜨기

한길긴뜨기 3코 구슬뜨기

1 한길긴뜨기 1~4번 과정(300p)을 동일하게 진행한다. 바늘에 세 줄이 걸린 것을 확인한다.

2 바늘에 실을 걸어 첫 번째, 두 번째 줄을 통과한다. 바늘에 두 줄이 걸린다.

TIP 한길긴뜨기 1코 구슬뜨기 완료.

3 또 한 번 같은 방법으로 한길긴뜨기 1~4번 과정을 진행한다. 바늘에 네 줄이 걸린다.

4 바늘에 실을 걸어 첫 번째, 두 번째 줄을 통과한다. 바늘에 세 줄이 걸린다.

TIP 한길긴뜨기 2코 구슬뜨기 완료.

5 또 한 번 같은 방법으로 한 길긴뜨기 1~4번 과정을 진행한다. 바늘에 다섯 줄이 걸린다.

6 바늘에 실을 걸어 첫 번째, 두 번째 줄을 통과한다. 바늘에 네 줄이 걸린다.

TIP 한길긴뜨기 3코 구슬뜨기 완료.

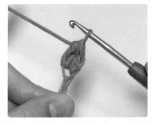

7 다시 바늘에 실을 걸어 네 줄을 한 번에 통과한다.

TIP 여러 개의 코에서 실을 걸어와 하나의 코로 마무리하는 방식. 주로 무늬를 만들거나 볼륨감을 유지할 때 사용된다.

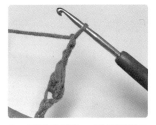

1 짧은뜨기 1코를 뜬다.

2 이어서 같은 코에 한길긴뜨기 1코, 사슬 3코를 뜨고 사진과 같이 사슬 시작 전 V코를 찾는다.

4 해당 코에 바늘을 넣는다.

5 빼뜨기를 한다.

TIP 일반적으로 'V코 빼뜨기'라는 명칭은 공식적으로 사용되지 않지만, 이해를 돕기 위해 책에서만 적용된 용어이다. 주로 두 가지 이상의 기법이 V코 형태로 맞물릴 때 활용되며, 라벤더, 카라, 프리지아, 해바라기 미니 키링 도안에 사용했다.

이중사슬뜨기

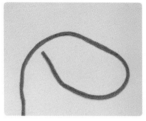

1 처음 실을 넉넉하게 남긴다. 만들려는 길이의 3~4배 정도 꼬리실을 확보한다.

2 꼬리실을 남긴 상태에서 시작코 1코를 만든다.

3 아래쪽에 있는 꼬리실을 가져와 바늘 앞에서 뒤쪽으로 한 번 감는다.

4 바늘에 실이 두 줄 걸려 있는지 확인한다.

5 바늘에 실을 건다.

6 그대로 두 줄을 한 번에 통과한다.

7 3~6번 과정을 반복해 원하는 길이만큼 진행한다.

TIP 이중사슬뜨기는 일반적인 사슬뜨기보다 더 탄탄한 구조를 만들고 싶을 때 사용하는 기법이다.

실 잇는 법

1 실을 X자로 교차한다. 기존에 뜨던 실(노란색)은 아래로, 새로 잇고 싶은 실(하늘색)은 위로 놓는다.

2 이후 모든 단계에서는 잇고 싶은 실(하늘색)을 움직인다. 먼저, 하늘색 실을 노란색 실 아래로 넣는다.

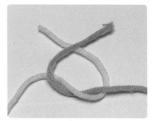

3 하늘색 실을 다시 노란색 실 위쪽으로 올린다.

4 다시 하늘색 실이 고리 안으로 들어오도록 안쪽으로 뺀다.

5 마지막으로 양쪽 실을 당겨 고정한다.

도안 규칙&읽는 법

모든 도안은 글 도안과 사진 도안으로 구성되어 있습니다.
아래 도안 규칙과 읽는 법을 참고하여 코바늘뜨기를 진행합니다.

◆ 도안에서 '-'의 의미

'-'는 다음 코에서 진행하는 것을 뜻합니다.

(예시) 짧은뜨기 1코 - 긴뜨기 1코

(해석) 짧은뜨기 1코를 먼저 뜬 뒤 그다음 코로 넘어가 긴뜨기 1코를 뜹니다.

◆ 도안에서 '( )', 그리고 ','의 의미

'( )'가 ','와 함께 사용될 때는 한 코 안에서 여러 기법을 진행하는 것을 의미합니다.

(예시) (짧은뜨기 1코, 긴뜨기 1코)

(해석) 한 코 안에서 짧은뜨기 1코와 긴뜨기 1코를 차례대로 뜹니다.

◆ 도안에서 '( )', 그리고 '*'의 의미

'( )'가 '*'와 함께 사용될 때는 반복되는 세트를 의미합니다.

(예시 1) (짧은뜨기 2코 - 긴뜨기 2코)*5

(해석) 짧은뜨기 2코를 뜬 뒤 옆 코로 넘어가 긴뜨기 2코를 뜹니다. 이 세트를 총 5번 반복합니다.

(예시 2) (짧은뜨기 2코 늘려뜨기)*5

(해석) 한 코 안에서 짧은뜨기 2코 늘려뜨기를 하고, 이를 총 5번 반복합니다.

◆ 예외: 반복 세트의 시작 위치 규칙

반복되는 세트에서는 기본적으로 세트가 새로 시작할 때 다음 코에서 도안을 시작합니다. 만약 '다음 코 이동하지 않고 바로 시작'이라는 문구가 있다면 마지막에 끝난 코에서 이어서 도안을 시작합니다.

(예시(프리지아)) {(기둥사슬 4코, 두길긴뜨기 1코 - 사슬 1코 - V코 빼뜨기) - (두길긴뜨기 1코, 한길긴뜨기 1코 - 사슬 3코) - 빼뜨기}*6(다음 코 이동하지 않고 바로 시작)

(해석) 마지막 빼뜨기한 코에서 바로 기둥사슬 4코를 시작하고, 동일한 코에 두길긴뜨기 1코를 뜹니다.

*위 조건이 적용되는 도안은 아래와 같습니다.

꽃: 샤스타데이지, 해바라기, 프리지아

키링: 벚꽃 미니 키링, 해바라기 미니 키링, 물망초 미니 키링, 데이지&딸기 미니 키링

◆ 도안에서 '{ }'의 의미

'{ }'는 여러 개의 세트가 반복될 때 사용됩니다. 주로 '( )'로 표기된 세트가 여러 개일 경우에 쓰입니다.

(예시) {(짧은뜨기 1코, 긴뜨기 1코) - (한길긴뜨기 1코, 두길긴뜨기 1코) - (긴뜨기 1코, 짧은뜨기 1코)}*5

(해석) '( )' 안에 있는 3개의 세트를 차례대로 진행한 뒤 이 세트를 총 5번 반복합니다.

Collect
35

블루밍니트의
코바늘 플라워&키링

1판 1쇄 발행 2025년 4월 11일
1판 1쇄 발행 2025년 4월 18일

글 블루밍니트
발행인 김태웅
기획편집 정보영, 김유진
디자인 정윤경
마케팅 총괄 김철영
마케팅 서재욱, 오승수
온라인 마케팅 양희지
인터넷 관리 김상규
제작 현대순
총무 윤선미, 안서현, 지이슬
관리 김훈희, 이국희, 김승훈, 최국호

발행처 (주)동양북스
등록 제2014-000055호
주소 서울시 마포구 동교로22길 14(04030)
구입 문의 전화 (02)337-1737 팩스 (02)334-6624
내용 문의 전화 (02)337-1734 이메일 dymg98@naver.com

ISBN 979-11-7210-919-6 13630